光文社知恵の森文庫

柏井 壽

日本百名宿

光文社

はじめに　その前に――知恵の森文庫化にあたって

二〇一三年の初夏に『日本百名宿』と銘打って光文社新書にて刊行してから、五年近くの日々が流れた。

この間さしたる変化もなかったように見えて、宿泊業界ではさまざまな動きがあった。東京オリンピックが二〇二〇年に開催されることが決まり、東京を中心としたホテルラッシュがはじまり、遠く離れた京都でも次々と新しいホテルがオープンし、計画、建設中を合わせると客室数は倍増する勢いである。

ホテル業界ではすでに東京オリンピック後の反動を不安視する声も出始めていて、旅館もふくめて、これからの日本の宿泊業界は激動の渦に巻き込まれるに違いない。

それゆえかどうか、『日本百名宿』でご紹介した宿でも廃業してしまった宿も少なくなく、入れ替えを余儀なくされる事態となった。

営業は続けていてもその業態を変化させた宿もあり、百名宿と呼ぶにはふさわしくない宿も出てきた。

そのひとつにインバウンド偏重がある。

ここ数年の宿泊業界では、しきりにインバウンドという言葉が飛び交い、ありていに言うと、外国人観光客の宿泊需要を取り込むことで収入増をはかる宿が急増した。

無論それは悪いことではないのだが、宿の中の空気が変わってしまうことは否めない。『日本百名宿』は、翻訳されて海外でも刊行されているから、外国人客が増えたからといって、それを排除する意図は毛頭ない。問題は宿側の姿勢である。

インバウンドに限ったことではなく、宿が利益優先主義に偏ってしまうと、本当の旅好き、宿好きにとっては居心地が悪くなる。それはすでに予約の段階から始まり、以前とはまったく異なる応対になってしまった宿もまま見受けられた。

僕個人の感想、あるいは知人友人が宿泊したときの経験談や意見も重ね合わせ、今回の差し替えとなった。

その数は十七軒に及んだから、六分の一近くの宿が入れ替わったことになる。新書版にはなかった宿で、今回新たに百名宿の仲間入りをしたところは、当然のことながら、僕が実際に泊まってみて、ぜひとも多くの方々におすすめしたいと思った宿ばかりである。

しかしながら、今回の文庫版で消えた宿がすべてダメだということではない。中には惜しむ気持ちもありながら、新しく加える宿との比較でやむなく、という宿もあったことを付け加えておく。

古くは十年ひと昔といったが、なんでもスピード化した現代では、五年でひと昔といったほうがいいように思う。

はたして五年先にはどこが入れ替わるのだろう。そう思いながらお読みいただくのも、本書の愉しみ方のひとつである。

はじめに

泊まることが好きでたまらない。

歳を重ねるごとにその傾向はいっそう強くなり、ここ数年、年間外泊数は二百夜を下回ることなく、昨年などは二百五十五泊を数えた。だからどうだ、ということでもないのだが、少なくとも、宿を語る資格はあると自負している。

数が多ければいいというものでもない。それはたしかなことだ。

食通と呼ばれる人には、時にとんでもない数を誇る人がいる。中華料理店のテレビCMじゃないが、数で人を驚かせる。一日に何軒も食べ歩いて、年間千軒を数えるとブログにある。数多くの店を食べ歩いたからといって、必ずしも食通になるとは限らない。

だから、泊まった数を誇る気持ちなど毛頭ないのだが、聞かれると正直に答えている。

まぁ僕の場合は結果そうなったのだから、いいだろうと思っている。そのことを自慢しようとして、年間二百を超えて宿に泊まっているのではない。ただただ、泊まることが好きだからである。

振り返ってみて、宿に対しては早熟だったと思う。小学四年生のくせに、『上高地帝国ホテル』に飽きたからといって、白骨《しらほね》温泉を祖父にリクエストしたくらいだから。なんとも小生意気なガキである。

宿道楽は祖父譲りである。とはいっても祖父は当時、極端な日本旅館嫌いで、ホテル一辺倒の人であった。それも一流ホテルのみという、贅沢なホテル道楽だったが、「飲む、打つ、買う」とは無縁だったから、ホテル泊まりだけが唯一の娯楽だったのだろうと、今になって思う。

泊まる愉しみを祖父に教わったのが小学生の頃。爾来《じらい》、還暦を越える今日に至るまで、数限りなく宿に泊まり、その楽しみを享受してきた。いくらかをご一緒に愉しんでいただければと思ったのが、本書を編むきっかけとなった。

泊まる愉しみを語ることにおいては人後に落ちないと自負するが、はてさて、おすすめの宿は？　と聞かれて、戸惑うことのほうが多い。なぜなら、目的によって選ぶべき宿は大きく異なるからである。

いい湯を求めるのと、旨いものを期待するのとでは、明らかに宿が異なる。あるいは景色。さらには宿の設《しつら》え。宿にはそれぞれ、得手と不得手がある。素晴らしい湯を持つ宿だが、いかんせん食が……。その逆も無論少なくない。

湯だとか味。そういうジャンルで分けてみようかと思わないでもなかったが、あえて地域ごとにおすすめの宿を並べてみた。これには少しくわけがあって、僕の旅が、まず場所ありきだからである。どこそこに行ってみたい、から旅が始まるのが僕の旅。

旅に出ようとして、人がまず思い浮かべるのは何だろう。

もちろん、温泉目当ての人にとっては、地域など頭になく、どこか質のいい湯がないかと思いを巡らせる方もおられるだろう。もしくは、とにかく旨いものさえあれば、どこへでも行くという人もおられるに違いない。

だがしかし。

多くが旅をしようとして、まず思い浮かべるのは土地だろうと思う。なぜなら、旅ガイド本の多くが地域別だからである。それは書店の旅行ガイドのコーナーを見れば一目瞭然。国内、海外問わず、最も目立っている旅ガイド本は、地域別のガイド本である。

我が京都はその代表だろう。京都ナニガシと名づけられたガイド本は書店の店頭に溢《あふ》れている。夏なら北海道や沖縄。春には伊豆、秋なら箱根、と。宿選びにぜひとも本書を活用していただきたい。その思いが、地域ごとに章を分ける結果となった。

北海道に行きたい、そう思われたなら、この宿がおすすめです。そんな思いを持って、章を編み、文を書いた。特色によってアイコンをつけてみたりもした。ご活用いただければ幸いである。

タイトルに「百」と数を決め、「名」と銘打ったのは、言うまでもなく、深田久弥《ふかだきゅうや》の名著『日本百名山』をなぞったのである。恐れ多いといえば、まさにそうであって、いささか気後れしないでもないのだが、地域別におすすめの宿を並べてみようと思って、真っ先に浮かんだのがこの『日本百名山』だった。この本もまた、名山を地域順に並べて紹介している。そしてもうひとつ、その百名山の選考基準も倣《なら》おうとした。

深田は、百名山を選定するに当たって、三つの基準を設けたという。それは品格、歴史、個性。

《人に人格があるように、山には〈山格〉とも言うべきものがある》。深田の言葉を借りるなら、宿には〈宿格〉と呼ぶべきものがある。僕も第一の選考基準として、品格を真っ先に挙げたい。

次に歴史。山と同じように宿にも歴史があるのは事実だが、宿においては、必ずしもこれは当てはまらないことがある。長い歴史があってもつまらない宿もあれば、浅い歴史ながら訪ねるべき宿がある。

今回、百の宿を選定するに当たって、僕がその歴史よりも重んじたのは、成り立ちである。その宿がどんな経緯を経て、今の宿として営まれているか、に重きを置いた。たとえチェーンホテルであったとしても、その宿がその場所にあるべき必然性があるのか、ないのか。

三つ目の個性。これは文句ない。異論などあるはずもなく、山と同じく、宿においても個性は極めて重要である。これをもって第一の基準としたいくらいだ。日本旅館はもちろんのこと、チェーンホテルであっても、個々の宿それぞれに個性はある。無個性の宿ほどつまらないものはない。

山とほぼ同じ基準で百の宿を選んでみた。当然ながら異論もあるだろうことは承知している。それは深田氏も同じだったようだ。

私の選定には異論もあろう。殊に人は自分のよく知っている山を推して名山とするが、私は多くの山を比較検討した上で決めた。もちろん私の眼は神の如く公平ではない。私に自信を持たせてくれたのは、五十年に近い私の登山歴である。

（『日本百名山』新潮文庫）

この文章の山を宿に置き換えれば、そっくりそのまま、僕の言となる。あるいは、こうも書いている。

「日本百名山」は私の主観で選択したものだから、これが妥当とは言えないだろう。しかしよく新聞で「日本新名勝百景」といった風なものが、多分に営業政策的な投票の多寡によって決定されることがある。あの種のものよりは私の試みの方が正確である。私は多くの人の意見を聞きたい。そして今後再版の機会があっ

たら、若干の山の差しかえをするつもりである。（同）

この文章もまた、山を宿に置き換えれば僕の意と同じだ。山は不動のものだが、宿はけっして不動ではない。むしろ絶えず動いていることを旨とするものだ。したがって、本書と『日本百名山』が決定的に異なるのは、不変のものではない、ということである。十年後、二十年後にあっても、名宿と言えるかどうか、それはひとえに宿の姿勢にかかっている。ここに紹介した宿にあっては、ぜひとも精進を怠らずにいてほしい。

日本百名宿

目次

はじめに　その前に——3
はじめに——7

第1章 北海道・東北の宿——21

北海道の宿——22
1■フラノ寶亭留／2■湯の川プリンスホテル渚亭（函館湯の川温泉）
3■丸駒温泉旅館（支笏湖）／4■あかん鶴雅別荘 鄙の座

東北の宿——33
5■四季亭（繋温泉）／6■はな 台の湯（花巻台温泉）
7■丸屋（肘折温泉）／8■名月荘（上山・葉山温泉）
9■花かんざし（岳温泉）／10■熱海荘（磐梯熱海温泉）

11■庄助の宿 瀧の湯（東山温泉）

第2章 ※関東の宿――53

12■那須別邸 回／13■湯守田中屋（塩原温泉）／14■香雲館
15■つつじ亭（草津温泉）／16■季粋の宿 紋屋／17■強羅環翠楼（箱根）
18■仙郷楼 別邸「奥の樹々」（仙石原）／19■富士屋ホテル
20■オーベルジュ オー・ミラドー（箱根）／21■ホテルはつはな（箱根）
22■強羅花扇 円かの杜／23■ふきや（湯河原）／24■石葉（湯河原）
25■藤田屋（湯河原）／26■葉山ホテル音羽ノ森／27■庭のホテル 東京

第3章 ※甲信・東海の宿――105

甲信の宿――106
28■湖山亭うぶや（河口湖）／29■緑霞山宿 藤井荘（山田温泉）

30■野尻湖ホテル エルボスコ／31■高峰温泉／32■上高地帝国ホテル
33■村のホテル住吉屋（野沢温泉）／34■万平ホテル
35■旅館すぎもと（美ヶ原温泉）／36■御宿まるや（下諏訪温泉）
37■中棚荘（信州小諸）／38■三水館（鹿教湯）
39■槍見の湯 槍見舘（奥飛騨温泉）／40■八ツ三館

伊豆・東海の宿――146
41■あさば（修善寺）／42■オーベルジュ フェリス（修善寺）
43■ホテルミクラス（熱海）／44■オーベルジュ花季（伊東）
45■おちあいろう（湯ヶ島）／46■旅師の宿やかた（河津温泉）
47■東府や（吉奈温泉）／48■アルカナ イズ（湯ヶ島）
49■かいとく丸（西伊豆）／50■和味の宿 角上楼（渥美半島）
51■はづ合掌（槇原渓谷）

第4章 北陸・近畿の宿――179

北陸・上越の宿――180

52■欅苑（南魚沼）／53■赤倉観光ホテル（妙高高原）
54■リバーリトリート雅樂倶（春日温泉）
55■あらや滔々庵（山代温泉）／56■望洋楼（三国温泉）

近畿の宿――197

57■美山荘（花背）／58■俵屋
59■ダイワロイネットホテル京都八条口
60■其中庵（京都）／61■三福（京都）
62■ウェスティン都ホテル京都「佳水園」／63■からすま京都ホテル
64■ワインとお宿 千歳（天橋立）／65■茶六別館（宮津温泉）／66■比良山荘
67■ホテルボストンプラザ草津 びわ湖／68■料亭旅館 やす井
69■湖里庵（海津）／70■紅鮎（尾上温泉）
71■ホテル・アゴーラ大阪守口／72■有馬山叢 御所別墅

73■シーサイドホテル舞子ビラ神戸（淡路島）／74■ホテルアナガ（淡路島）
75■西村屋本館（城崎温泉）／76■ホテルクレール日笠（姫路）

第5章 中国・四国の宿——259

77■奥津荘（奥津温泉）／78■岩惣／79■庭園の宿 石亭（宮浜温泉）
80■大谷山荘別邸 音信（湯本温泉）／81■松田屋ホテル（湯田温泉）
82■小屋場 只只（大津島）
83■オールドイングランド道後山の手ホテル

第6章 九州・沖縄＋αの宿——285

九州の宿——286
84■古湯温泉 ＯＮＣＲＩ／85■洋々閣（唐津）

86■由布院 玉の湯／87■山荘無量塔／88■亀の井別荘
89■雲仙観光ホテル／90■石山離宮 五足のくつ（天草）
91■オーベルジュあかだま／92■ハミルトン宇礼志野
93■妙見 石原荘（妙見温泉）

沖縄＋αの宿――322

94■ザ・リッツ・カールトン沖縄／95■ジ・ウザテラス ビーチクラブヴィラズ
96■ラグナガーデンホテル（宜野湾）／97■百名伽藍
98■シギラベイサイドスイート アラマンダ（宮古島）
99■はいむるぶし／100■飛鳥Ⅱ

おわりに――354
地図――356
日本百名宿リスト――382

※本文の内容は取材当時のものです。掲載の宿泊施設にお出かけになる場合は、事前に最新の情報を各施設のウェブサイトなどでお調べください。

第1章

北海道・東北の宿

1 フラノ寶亭留《ホテル》——富良野の森で北の大地屈指の料理を味わう

日本旅館における「西高東低」が近年崩れつつある。それは偏《ひとえ》に北海道勢の健闘によるものである。

どういう理由によるものかはわからないが、優れた日本旅館は西日本に多い。その北限を岩手、山形辺りにして、それより北には、素朴な秘湯こそあれども、瀟洒《しょうしゃ》な日本旅館は皆無に等しい。それに比して西日本には、優れて通い詰めたくなる日本旅館が目白押し。長くそんな時代が続いた。

だが近年、北海道のあちこちに、小規模高品質旅館が続々とオープンし、良質な日本旅館の北限が北緯四十度を軽く越えたのだった。

それらの特色として、多くがリノベーションタイプ。旅館ホテルのみならず、企業の保養所などの骨組みだけを残して、内部をリニューアルしたものだ。二部屋もしくは三部屋を一部屋に改造する、というのが常道。当然のことながら、一部屋の広さは大きく広がり、そこに客室露天を造り、インテリアデザインもスタイリッシュにする。そんなプチホテルのような小規模旅館が、道内のあちこちに誕生し、これらは今までの北海道になかったスタイルの宿として人気を集めるようになった。

フラノ寶亭留〈ふらのフレンチ〉

何年前だろうか、支笏湖畔《しこつこはん》にオープンした小さなホテルを取材した。ここも例に違《たが》わず、リノベーションタイプだったが、衝撃を受けたのはその料理だった。実験的な、というよりも挑みかかるようなフレンチ。その意欲的なシェフの姿勢は深く心に残った。

その後、富良野に素敵なホテルがオープンしたと聞いた。企業の保養所をリノベーションして、小さなホテルに造り替え、何より料理が自慢だ――と聞いて、ひょっとして、と思った。前述の宿と同じ系列だったからだ。

『フラノ寶亭留』はその名の通り富良野にあるが、観光の中心地からは少し離れて建っている。それゆえ、ただ通りすぎるだけの観光客の目には入らない。この宿を目当てに訪れる客だけに門戸を開いているといってもいい。

思った通りだった。食事が始まる直前、レストランに現れたのは、件《くだん》のシェフだった。

古くは「北の国から」、最近では「風のガーデン」。テレビドラマの舞台となるたびに脚光を浴びるのが富良野。それほどに「絵になる」風景だ。『フラノ寶亭留』の前庭にもラベンダー畑が広がり、自然を最大限残した〈癒しの森〉がホテルの周りをぐるりと囲む。その敷地は三万坪にも及ぶというから驚く。客室のベランダからの眺めは雄大そのものだ。

この宿では景色もご馳走《ちそう》。バスルームの窓からも富良野の風景が愉しめる。ゆったりと湯に浸かった後は本物のご馳走。お目当ての〈ふらのフレンチ〉はレストランで供される。高い天井と壁面いっぱいに取られたガラス窓。広々としたスペースで富良野の恵みを食べる。

まさに胸のすくような清々しいフレンチは、敷地内の自家農園で育てた野菜が主役。派手さはないものの、シンプルで力強い料理は健在。大自然と一体となって作られた味わいに心までもが洗われる。北の大地、屈指の美食宿である。

2 湯の川プリンスホテル渚亭《なぎさてい》(函館《はこだて》湯の川温泉)

――水平線と同じ高さの湯船、海風薫る絶景温泉

北海道は名にし負う温泉王国である。道内至るところに湯が湧き出ていて、多くの温泉旅館がひしめき合っている。中でも目立つのは超がつくような大型旅館だ。

豊富な湯量を背景に、いくつもの風呂を備え、まるで元祖スーパー銭湯。それもまた楽しめなくもないが、じっくりと湯に浸かり、広大な海を眺め、四方を囲まれた海から揚がる幸を堪能《たんのう》したい。

そんな願いを叶《かな》えてくれる湯宿は思いのほか少ない。むろんそれなりの対価を払えば、本州同様、いやそれ以上に上質な宿も、近年道内には増えてきている。が、手頃な料金で、北海道らしい雄大な景色を愉しめる湯があり、美味をも備えた落ち着きのある宿となると、指折り数えて、両手は必要としない。その希少な一軒が道南にある。

道南函館。エキゾティックな港町から、海岸線に沿って車を走らせると、小半時も経たずに湯の川温泉街へと辿り着く。

――ここは湯の川。向かいは津軽――

海に面した温泉街。津軽海峡を望む湯の川温泉には大小さまざまの温泉宿が軒を並べている。その中の一軒が『湯の川プリンスホテル渚亭』。なんとも味わい深い宿の名だ。

函館。津軽海峡。漁火。と来れば演歌の世界だが、プリンス、渚亭という文字には湘南J－POPのイメージが広がる。

湯の川プリンスホテル渚亭　露天風呂

ほどよき軽やかな宿だが、特筆すべきは、その立地のよさを最大限生かした露天風呂。まずは一階大浴場の外に広がる露天風呂。

波打ち際といっても、まさかこれほど海に近いとは。初めてこの風呂を見て、誰もが驚く。少しでも海風が吹けば、白砂が肌にあたる。波が荒ければ、波しぶきが降ってくる。それほど海に近い露天風呂。水平線と同じ高さに湯が溢れ、なおかつ、その距離が驚くほど近い。北海道、いや日本唯一の絶景といってもいいだろう。

もうひとつ。この宿が日本で一番を誇るのは、百十五室を数える、温泉露天風呂つき客室数。そしてその客室露天からも、海の絶景を得られるのだから、絶景温泉好きには堪《たま》らない。

『湯の川プリンスホテル渚亭』はしかし、ただ「湯」だけの宿ではない。海の幸をメインにした「味」にも定評がある。冬ならなんといっても蟹。あるいは津軽海峡を泳ぐ鮪《まぐろ》。いずれも全国に名を轟《とどろ》かせる名産品。存分に味わえるのがうれしい。

和洋中を織り交ぜたビュッフェレストランから、贅沢なことに寿司カウンターもあれば、鉄板焼きコーナーまである。湯よし、味よし、眺めよし。手頃な値段で愉しめる、北の大地随一のおすすめ湯宿である。

3 丸駒《まるこま》温泉旅館（支笏湖）——支笏湖と通じる天然温泉に感動

北海道にはいくつもの湖があり、それぞれの湖畔には多くの温泉が湧出している。雄々しき火山、平らかな湖、湯けむり上げる温泉の三点セットに、吸い寄せられるかのように、多くの旅人が集う。

新千歳空港、札幌、いずれからも車で一時間もあれば支笏湖畔の『丸駒温泉旅館』に辿り着ける。この宿に入って、何をおいてもまずは温泉。丸駒といえば温泉、温泉といえば丸駒。

とりわけ、大浴場から渡り廊下を伝って歩いた先にある露天風呂は、宿の名物であり、かつ、この風呂を目指して、国の内外から温泉通がこぞって訪れる名湯でもある。支笏湖と露天風呂を隔《へだ》てるのは岩場のみ。湯の深さは、支笏湖の水位とシンクロして上下する。まるで湖に浸かっているかのような天然温泉では、足元から湯が湧き出ている。時折り、プクプクっとあぶくが弾けているのは湧き出づる徴《しるし》。

源泉は五十度だという。それを水門の砂利玉で調整する。ぬるめのときは砂利を避け、熱いときは砂利を積む。経験と勘のなせるワザに感服しながら、じっくりと湯に浸かる。ザ・温泉といったところ。

さほどの温泉通でない僕ですら、この湯には感動を覚え、何度も入り、その力を実感したが、この宿のもうひとつの愉しみは、懐かしさを堪能することにもある。

湖に面した部屋。窓際に椅子とテーブルの三点セットが置かれ、居室は十畳ばかりのシンプルな造り。余計なものは一切ない。その潔さがなんとも懐かしい。座卓を前にあぐらをかけば、今どきの旅館はあれこれ、物を置きすぎるのではないかと、改めて感じる。

丸駒温泉旅館　岩場の露天風呂

館内には、かつて多くの日本旅館がそうだったように、売店やゲームコーナー、カラオケホールなどが備わり、浴衣がけの泊まり客が楽しげに顔を寄せ合う。天然温泉で知られる宿はまた、天然旅館ともいえるシンプルさが身上であった。

とにもかくにも、北海道らしい、素朴でスケールの大きい温泉に浸かりたい。そんな方には、一度といわず、二度も三度も足を運んでほしい、本格温泉旅館である。

4 あかん鶴雅《つるが》別荘 鄙《ひな》の座《ざ》

――阿寒湖のほとり、ゆっくり籠もるべきスイート

近年、急激に出現し始めた北海道型名旅館。そのもうひとつの筆頭ともいえるのがこの『あかん鶴雅別荘 鄙の座』だ。

北海道を代表する観光地阿寒湖《あかんこ》の周辺には何軒もの大型旅館が建ち並び、観光バスがひっきりなしに行き交う。定員数百名を超えるような大型旅館の宿泊客は、まず遊覧船に乗り、まりもセンターを見学して、湖畔に戻ったらアイヌコタンで土産物を物色して、と慌《あわ》ただしい時間を送る。そんな様子を横目に宿の中でゆったりとした時間を過ごすのが『あかん鶴雅別荘 鄙の座』の宿泊客。

広大な大地に多くの観光地を持つ北海道旅は、周遊型になりがちで、それゆえ、滞在型の落ち着いた旅館が存在価値を見出しにくかったというのが、小規模高級旅館を

生み出してこなかった主な理由だろうと思う。しかしそれも今は昔。「宿籠《こも》り」という時代のキーワードが北海道の宿を変えつつある。

遊覧船乗り場のすぐ傍《そば》に建つ宿の外観は存外平板なものだが、そのせいで、一歩館内に足を踏み入れた瞬間の驚きが際立つ。緩《ゆる》やかな弧を描くアプローチを抜けて最初に目に入るのがエントランスギャラリー〈湖森《こもり》の座〉。大きく翼を広げる「湖森」の主に迎えられ、高い吹き抜けが印象的なロビーラウンジへと進む。大仰《おおぎょう》なフロントではなく、小さなコンシェルジェデスクでチェックインできるのもうれしい。

鄙の座　阿寒湖を望む客室

二十五ある客室は、すべてが設えや間取りなどの異なるスイート仕様のゆとりある部屋。ソファに腰掛けて、座敷で寝転がって、あるいは部屋の内風呂から、と、阿寒湖の眺めを堪能できる部屋でゆっくりと過ごす時間の贅沢なこと。雄大な景色には広々とした部屋がよく似合う。

客室つきとは思えないほど、ゆったりと造られた内風呂でも充分満足できるのだが、時間があればぜひ大浴場にも足を運んでみたい。阿寒の山並み、原生林、静かな湖面を眺めながら湯浴《ゆあ》みできるのもこの宿ならではの愉しみ。併設された岩盤浴ルームも開放感にあふれ、いかにも北海道らしい大自然と一体になれる。

北にオホーツク海、東に太平洋、そして西に日本海と、海に囲まれた上に、広い大地を持つ北海道はまた、食材の宝庫でもある。デパートの催事で人気ナンバーワンを誇るのは「北海道の美味フェア」だと聞いた。豊富な海の幸と森の恵みをふんだんに使った料理がまずいわけがない。ここ『あかん鶴雅別荘 鄙の座』は〈ひな〉と名づけられた食事処を備え、個室仕様になった部屋で北の美味をゆっくりと味わえる。

阿寒湖名産の姫鱒《ひめます》、十勝牛、タラバ蟹、根室産のめんめ、などなど、道東選りすぐりの食材が次々と食膳に並ぶ。とかく大味になりがちな北国ながら、味つけも繊細なら、器遣い、盛りつけも洗練の技が生きている。

雅《みやび》な夕餉《ゆうげ》を愉しんだ後は、足湯で旅の疲れを癒やすもよし、カウンターバーでグラスを傾けるもよし。大人の宿の愉しみは尽きない。

5 四季亭（繋《つなぎ》温泉）――盛岡の奥座敷でみちのくの温もりを味わう

多くの温泉が点在する東北にあって、開湯九百年を数えるという繋温泉は、盛岡の奥座敷とも呼ばれ、アクセスも比較的便利なこともあって、人気の温泉地となっている。

平安末期、源義家が湧き出る温泉を見つけ、愛馬の傷をこの湯で洗うと快癒した。感心した義家は馬を穴の開いた石に繋ぎ置き、自らも湯に浸かったことから、繋温泉と呼ばれるようになったという、由緒正しき温泉である。

大小十軒を超える温泉宿があるが、僕のお気に入りは『四季亭』。部屋数は二十ばかりという小さな宿だ。

みちのくの鄙びた風情《ふぜい》はそのままに、なおかつ、京都にも似た雅な空気をも湛《たた》える宿。

四季亭

湯は硫黄温泉。中庭を眺めながらホッとひと息吐《つ》ける内風呂は、樹の香漂《ただよ》う湯船が心地よく、緑に囲まれた露天風呂は、清々しい空気と共に開放感を愉しめる。

みちのく会席とも呼びたくなる、郷土食を映す料理も心のこもったもので、月替わり会席は、その料理だけを目当てに通う客も少なくないという。

海の幸、もりおか短角牛、地の野菜など、食材にも恵まれ、熟達の料理長の腕もあって、岩手随一との声も高い。

特筆すべきは〈八品会席〉。質はそのままに、量を少なめにした夕食は、年配客にはうれしい配慮だ。常々、日本旅館の料理は量が過ぎるのではないかと思う僕には格好。

酒量は減らないが、食事の量はうんと減ったという同輩の方や、ダイエット中のご婦人にもぜひおすすめしたい。

女将をはじめ、細やかな心遣いを見せるスタッフの姿も、この宿を輝かせている。東日本大震災の傷跡もようやく癒えた、みちのくの湯巡り。まずはこの宿から始めてみてはいかがだろうか。

6 はな 台《だい》の湯（花巻《はなまき》台温泉）

――山深い隠れ湯、すべてが「ちょうどいい」

花巻温泉郷から、さらに奥、山深い里に「台温泉」がある。よほどの温泉通でなければ、その名を聞いてもどこにあるのかすらわからないだろう鄙の温泉。だが「台温泉」の歴史は古く、開湯千二百年ともいわれるほどで、「台」の語原は古代アイヌ語に由来するという説もあるほど。

ひっそりと、まさに隠れ湯の風情を湛える温泉地。目指す宿は『はな 台の湯』。黒壁が印象的な二階屋である。

背後には山が迫り、宿の前には古い街道のような細道が奥山へと続いている。

竹で組んだ犬矢来《いぬやらい》。横に長く伸びる黒塀。京都の祇園辺りにあってもおかしくないほどの風情ある建物だが、櫓《やぐら》からゆらゆらと立ち上る湯けむりが、温泉宿の徴。湯が手招きしている。

縦格子の引き戸を開け、宿に入ると昔ながらの帳場《ちょうば》が目に入る。旅館というより旅籠《はたご》といった雰囲気の宿だ。靴を脱いで上がり込む。古い神棚、アンティークラジオ、花巻人形。宿のそこかしこに飾られているモノたちには、きっと主人の思い入れがこもっているのだろう。

古《いにしえ》の遊郭《ゆうかく》を彷彿《ほうふつ》させる艶《あで》やかな階段を上がって、二階の客室へ。

客室はわずかに十室。同じ間取りの部屋はひとつもない。どれもが大仰ではなく、小ぢんまりとしていて、いかにも居心地がよさそうだ。

宿の部屋が、広さや豪華さ、充実した設備を競うようになって久しい。開けても開けてもふすまが続くような広すぎる部屋。ベランダに置かれた露天風呂。そんな宿とは対極にあるのがこの『はな 台の湯』。

大家族ならともかくも、夫婦ふたり、もしくは、ひとり旅なら、これくらいの広さがちょうどいい。この宿に来ると誰もがそう思うことだろう。

案内されたのは〈すみれ〉の間。八畳ひと間に縁側がつく。過不足のない部屋だ。取り立てて眺めがいいわけでもなく、豪華な設えがあるのでもない。が、妙に落ち着くのだ。旅の宿だ、という気持ちがしみじみとこみ上げてくる。

これをして「ほどのよさ」というのだろうか。あるいは「身の丈に合う」といい換えてもいい。

台の湯　客室

ジャストサイズは風呂も同じ。眺望が得られない分、木の壁に囲まれた安心感がある。岩手の山中。冬の寒さは厳しい。大きな窓がないから冷気が吹き込むことがない。これも雪国ならではの知恵なのだろう。薄暗い風呂に湯気が溢れる。

斜《なな》めに張られた板から湯が流れてくる、打たせ湯とはまた違う趣向が愉しい。何より湯がいい。無色透明の温泉は、湯に入る前はかなり強かった硫黄臭が消え、ぬるりと肌にまとわりつく。ずっといつまでも浸かっていたい、そう思わせる湯。

湯から上がると、肌がつるりと心地いい。火照《ほて》った身体を浴衣に包み、部屋に戻る。

食事が部屋出しというのも、どこか懐かしい。彩り豊かな皿が並ぶ。焼魚はアメリケーヌソースで、肉はビーフシチューで、と、夕食は洋風の料理がメインになるが、味つけがあっさりしているので、後口は軽い。岩手特産のエーデルワインを合いの手にぺろりと平らげた。

夕食の片づけが済むと、布団が敷かれる。昔ながらの日本旅館の有り様だ。地酒の小瓶を寝酒にした後、布団に潜《もぐ》り込む。ふかふかの布団に包まれると、ホッと気持ちが和む。

いい宿とは。眠りに就く前、そんなことにも思いが至る。

部屋、湯、食。すべてにほどがいい。過ぎることがない。ちょうどいい按配。宿の原点とはこういう旅館だったのではないか。そう思うに至った。

至れり尽くせりの宿がいいのか。放っておかれることをよしとするのか。その模範解答のひとつを、実はこの宿が持っているのではないか――、そんな思いを抱いたまま、静かに眠りに就いた。

7 丸屋《まるや》（肘折温泉《ひじおりおんせん》）

——旅館通なら知っている、隠れ上質の宿

かつて、温泉街といえば、どこもこんなふうだった、と思わせる風情を湛える「肘折温泉」。出羽《でわ》三山のひとつ月山《がっさん》の麓《ふもと》に、ひっそりと佇《たたず》む鄙びた温泉郷である。銅山川《どうざんがわ》の流れに沿って、二十軒あまりの宿が軒を連ねる。小高い岡の上から見下ろすと、棟を寄せ合うようにして建つ宿のあちこちから湯けむりが上がっている。

肘折。その名の由来はまさに、読んで字の通り。古く、肘を折った高僧がここの湯に浸かったところ、たちどころに傷が治ったというもの。それほどに霊験《れいげん》あらたかな湯が、ほぼすべての宿で掛け流されているというから、まさに贅の極み。

数ある宿の中で僕が選んだのは『丸屋』。きらりと光る小規模高品質旅館として、旅館通の間でいつも話題に上る宿である。

細い通り沿いに並ぶ旅館街の、ちょうど中ほど、木造三階建てのシブい建築。玄関先に建つ堂々たる木彫りの看板が、宿の歴史を物語っている。初めて訪れたとしても、きっと誰もが懐かしさを抱くに違いない。

灯ともし頃ともなれば、行燈《あんどん》に灯りが入り、格子の間から漏れてくるその明るみが温もりを映す。優しく包み込んでくれそうな外観。泊まらずともわかる。この佇まいを見ただけで、きっといい宿だろうと。

暖簾《のれん》を潜《くぐ》り、ガラガラと音を立てて、よく磨き込まれたガラス戸を引く。玄関先にずらりと並ぶゴム長が、雪深い里を表している。上がり込むと談話室、マガジンコーナー、ライブラリーと、小さな宿ながらパブリックスペースは豊富に備わっている。

籠もるだけの宿ではないことは、浴室の充実度からも見てとれる。玄関のすぐ横にある貸切風呂は〈幸鶴〉と名づけられていて、地面よりも下に湯船を持つ、珍しい風呂。廊下の奥にある男女別の浴室と、もうひとつ貸切風呂があり、わずか七室の宿に比して、そのバリエーションは豊か。かつては湯治宿《とうじ》として名を馳《は》せた真骨頂。

昔ながらの建築、奥に長く延びる宿には、階段が二箇所あり、迷路気分も味わえる。奥の方の階段を三階まで上ったところにあるのが、今宵の部屋〈月山〉である。

部屋はどれもが違う造りで、人数や好みによって選び分ける。それぞれ魅力的な設えだが、〈月山〉の部屋だけについているという掛け流し風呂に強く惹かれてのセレクトだ。

部屋に入ってまず目に入るのが炬燵《こたつ》。雪降りの日などは、すぐにでも入り込みたくなる。アンティークのローボードを挟んで炬燵の奥にはベッドスペースがある。目映《まばゆ》いばかりの真っ白なベッドカバーがふたつ並ぶハリウッドツインタイプ。

さらにその奥に設えられているのがリラクゼーションスペース。湯上がりの身体を休める場所だ。そしてさらにその奥にあるのが、目指す掛け流し風呂。木造りの湯船にはたっぷりと湯が張られ、奥の切り込みから溢れ出している。

丸屋　堂々たる玄関口

掛け湯ももどかしく、いきなりざぶり。ざーざーと音を立てて湯が流れ出る。手足を存分に伸ばしても、まだまだゆとりがある。なんとも贅沢な部屋風呂だ。

クセのない湯に見えて、しかしその効能は相当と聞いて、長風呂は禁物。シャワースペースでさっと湯を流して、寝椅子に身を委ねる。これぞ温泉の醍醐味。ゆるゆると身体がゆるみ、心までもが解けていく。

夕食は階下の食事室で摂《と》る。蔵戸をテーブルに設え、その上に並ぶ、雪深い里ならではの山菜がうれしい。揚げたての天麩羅《てんぷら》をほくほくと。幽《かす》かな苦みに、わずかな春の兆しを感じ取る。メインはいわずと知れた山形牛。卓上で焼きながら食べるステーキは旨い！　のひと言に尽きる。米どころのご飯は、つやつやと輝き、嚙むと甘みが口中に広がる。奇をてらわず、直球勝負の料理は潔い。

鄙びた里にひっそりと佇む上質な宿。『丸屋』は日本が誇るべき宿文化をきちんと残し、かつ今の時代に合った設えにも怠《おこた》りない。日本旅館のお手本となるべき温泉宿である。

8 名月荘《めいげつ》（上山・葉山温泉）　——名ソムリエの仲居さんがいる宿

ＪＲ奥羽本線に、かみのやま温泉駅がある。新幹線も停車する駅で、温泉と名づけられているのは、この駅くらいではなかろうか。それほどに温泉を誇りとする地。駅から北西に辿れば、上山城の近くに旅館が建ち並ぶが、西南へと辿っても旅館街がある。おおむねどれもが大型旅館だが、そこから少し外れた山手に『名月荘』という宿がある。

この宿に初めて泊まったのは、はて何年前になるだろうか。少なくとも十年以上は前のことなのだが、当時はまだ、日本旅館でまともなワインを出す宿が少なかったのに、この宿にはちゃんとした、ルームタイプのワインセラーが備わっていたのである。

そのことだけでも驚きなのに、さらに驚愕したのは仲居さんの対応だった。

今でもよくあるのだが、いくら宿の主人がワイン好きであっても、仲居さんにまではなかなかその知識が浸透しない。ワインリストのない宿で、夕食時にワインをとなって、どんなワインがあるのか尋《たず》ねても多くがチンプンカンプン。何を尋ねても「聞いて参ります」ばかりの繰り返しというのはよくあること。ところがこの『名月荘』は違った。

チェックインして、部屋へと案内される途中、ワインセラーの前を通りかかった。地酒や地ワインがずらりと並んでいたので、話を聞くと、スラスラと答えてくれる。今日の夕食はカクカクシカジカの料理だから、コレコレナントカの赤ワインが合うのではないか、とすすめてくれる。ならばそれを、と頼むと、仲居さん曰く、セラーの温度が〇度なので、一時間ほど前に出しておきましょうという。

夕食時、ソムリエナイフを器用に操り、丁寧にパニエ抜栓してくれた。爾来、ワインを得意とする日本旅館に数多く泊まったが、いまだこのときの仲居さんを超えて、手慣れた調子でワインを扱う人には出会えずにいる。

名月荘　カウンターダイニング

宿というのはおおむね、一事が万事、である。十数年以上も前に、これほどにワインを扱い慣れた仲居さんがいる宿。それだけで他は推して知るべし。それぞれに意匠《いしょう》を凝《こ》らした客室、緑豊かな露天風呂、カウンターダイニングか部屋食を選べる、郷土色に溢れた料理、さらには本格志向のコンサートホールまで。万事怠りない宿である。

9 花かんざし（岳温泉《がく》）――枯山水の庭つき個室で、贅沢なお籠もり

東北新幹線の郡山駅か福島駅。東北本線に乗り換えて、どちらからでも二十分ほどで二本松駅に着く。そこから車で十五分。辿り着いたのは岳温泉。

岳温泉という名前から抱いていたのは、山奥の秘湯に近い姿だったが、存外開けた土地だったので少しばかり驚いた。

鏡ヶ池から温泉神社に向かって真っすぐ伸びるメーンストリート、ヒマラヤ大通り沿いに建つのが『花かんざし』。十四軒もの宿を擁する岳温泉にあって、鄙の空気と雅な設えを巧みに取り合わせた人気の宿。京都の街なかにあってもおかしくないような宿の名と、その名にふさわしい雅やかな宿の佇まいだ。

と、出迎えに出てこられた美人女将もまた、鄙と雅の両方を兼ね備えていて、このあたりが『花かんざし』と名づけられたゆえんだろうかと思う。

福島県岳温泉は安達太良山《あだたらやま》の麓にある。東京にはない空が、安達太良山の上にはある。『智恵子抄』にはそう記されている。それほどに豊かな自然を湛える山の麓にあ

花かんざし　宵待草

るのが、岳温泉。すこぶるやわらかな湯となって、宿の湯船に横たわる。

この宿にはレトロなタイル張りの大浴場が二箇所あり、片方には広々とした露天風呂もついている。時間によって男女が入れ替わるので、両方愉しめる。そしてこの大浴場では地酒のサービスもあり、左党には堪えられない。

客室もまた適度に洗練されている。レトロモダンな設えの〈宵待草〉の間が一番のおすすめ。緑豊かな庭を眺める和室と、奥にはベッドルームがあり、庭には露天風呂もついている。

保湿成分をたっぷり含んだ酸性泉。当然のように源泉掛け流し。滔々と流れ出る湯を身にまとい、ゆったりと身体を沈める。四季折々、庭のそこかしこに咲き乱れる野花に目を休め、どこからともなく聞こえてくる鳥のさえずりに耳を澄ます。

湯三昧した後は、山海の幸を取り合わせた会席仕立ての夕餉を愉しむ。お供はもちろん地の酒。地元二本松には、二百五十年を越える長い歴史を誇る、ふたつの酒蔵「大七」と「奥の松」があり、どちらも料理によく合う酒。安達太良の山ふところに抱かれ、山間から湧き出る湯に身を委ね、地酒と共に地の恵みを味わう。

懐かしさと新しさが適度に交ざり合い、独特の空気を醸し出す宿『花かんざし』は、湯佳し、味佳しの佳宿である。

10 熱海《あたみ》荘（磐梯《ばんだい》熱海温泉）

――萩姫伝説の残る宿で、「究極の普通」を味わう

福島県郡山市は奥州街道をはじめ、いくつかの街道が行き交う要衝《ようしょう》の地。多くの旅人が通りすぎる街にはさまざまな文化が刻まれ、分けても「食」においては、東西南北、四方から各地の美味が行き交い、この地に類まれな食文化を遺した。

それは今も同じで、郡山を通る鉄道は東北本線や新幹線を含めて五本も走っている。昔と比べて格段に流通事情が向上した今は、さらに多くの食材がこの街に通ってて

いる。

その郡山から磐越西線で十五分ばかり。郡山の奥座敷的存在の磐梯熱海駅は鄙びた風情を漂わせている。

熱海と聞いて誰もが思い浮かべるのは伊豆。だが「熱の海」と書く地名、すなわち、湯が湧き出でる地は日本各地に点在している。駅から歩いても苦にならない距離にあって、落ち着いた雰囲気の構えで客を迎え入れるのが『熱海荘』。いかにも大人の宿らしい控えめな佇まいは、玄関を潜って、宿の中に入っても変わらない。これ見よがしに派手な造作もなく、微《かす》かに漂うお香の香りがこの宿の有り様を表している。

部屋数はわずかに十室。どの部屋も特段豪華だとか、格別広いとかではないのだが、部屋にいると不思議な落ち着きを得られる。

中でも二階にある〈桂〉の間などは、どこの旅館にでもあるような普通の部屋の間取りなのだが、数多く泊まった宿の中で特に印象に残る部屋だった。私事で恐縮だが、これは僕の長男の名と同じで、偶然にも隣の隣の部屋の名は長女と同じ〈梓〉の間だったことにも何か不思議な縁を感じた。

閑話休題。

部屋でひと休みした後は風呂へ。渡り廊下を歩き、別棟に設えられた木造りの温泉棟に入ると、まず目に飛び込んでくるのは川越しの豊かな緑。川の名は「五百川《ごひゃくがわ》」といい、その名の由来は、京都の鴨川から東に数えて五百番目にあたる川といわれ、萩姫伝説に登場する話。萩姫はこの磐梯熱海温泉に入るとたちまち病が治ったとも書かれている。そんな霊験あらたかな湯に入って、疲れを癒した後に待つのは名にし負う宿の夕餉。

熱海荘

食事は朝夕ともに部屋まで運ばれてくる。昨今は食事処を別室に設けることが多いが、日本旅館の王道といえばやはり部屋食だろう。自室でゆっくり食事できるのは日本旅館ならではの大きな愉しみのひとつである。

食材は、あえて地元のみにこだわらず、全国各地から旨いものを集めて供しているのもこの宿の特徴だ。「地」より「質」。こだわりを捨てることですべてに上質を極めるのが『熱海荘』。泊まってみて食べてみて、初めてこの宿のすごさがわかる。

すべての日本旅館の規範となるべき宿は、何ひとつ特別なものはなく、普通の宿。

だがそれは「究極の普通」なのだ。

11 庄助《しょうすけ》の宿 瀧《たき》の湯(東山《ひがしやま》温泉)

――小原庄助さんが身上を潰した? 渓流沿いの絶景風呂

朝寝と朝湯、朝酒が大好きなくらいのことで、はたして身上《しんしょう》を潰《つぶ》すものなのか。子供の頃にそんな疑問を持ったことを思い出す。

「会津磐梯山」という民謡で覚えているのは、たいていが小原《おはら》庄助さんのくだりだろう。宝の山と歌われる会津磐梯山と、身上を潰した小原庄助さんが、どう繋がるのかも、子供心に不思議だった。

その小原庄助さんゆかりの温泉宿だと聞き、持ち前の好奇心を大いに掻き立てられた。

東北新幹線。郡山駅で下車し、磐越西線に乗り換える。会津若松駅に着いたら、白虎隊の像を横目にしてタクシーに乗り込む。

雪模様の日だった。郡山から会津若松、そして東山温泉へ、と道を辿るに連れて、雪は深さを増す。

チェックインして、何を置いても風呂へと急ぐ。フロントは四階、風呂は一階。傾斜地に建つ宿ではよくあることだ。

エレベーターを降り、まず目に入ってきたのは、石をくりぬいた風呂。なんと、小原庄助が入った風呂だと記されている。実在の人物だったのか。そして身上を潰したのは、この風呂が原因だったのか。意外と小柄な人だったのだな、とか、さまざまに感慨深いものがあるが、身体はしんしんと冷えてくる。早く湯船に入ろう。

大浴場は、その名も〈庄助風呂〉。伏見ケ瀧を真横に眺めながら、渓流沿いに広がる湯。併設された露天風呂は〈古の湯〉。どこにいても、流れ落ちる滝の音が聞こえ、絶景を間近にできる。

川や滝を間近に眺めながら浸かれる絶景温泉は他にもある。だが、この宿はそのスケールが違う。川の流れに沿って横長に延びる建屋が幸いして、川が滝を作り、流れ落ちるさまを、順を追って眺められる温泉なのである。これは貴重だ。

　貸切風呂からは滝になる前の、悠々とした流れ。大浴場に入ってからは、ちょうど滝が流れ落ちる様を真横から。そして木造りの露天風呂からは滝を迎え撃つように、清らかな流れを見ながら湯を愉しむことができる。そして最後には、小原庄助さんが入ったものと同じような壺湯から、その全体像を眺めることができる。

瀧の湯　滝のすぐ傍の雪見風呂

　千三百年も前、行《ぎょう》基《き》上人が伏見ケ瀧から湯が湧き出ているのを見て、開湯したのが始まりとされる東山温泉。その名の通り、『瀧の湯』は往時の行基気分をも味わえ、かつ、歌にも歌われる小原庄助さんの気持ちにもなれる。風呂好きにとっては堪《こた》えられない宿だ。

第2章 関東の宿

12 那須別邸 回《かい》——テーブルって、意外と重要

那須といって、真っ先に思い浮かぶのが御用邸。やんごとなき方がご静養されるくらいだから、よほど居心地がいい場所に違いない。東北新幹線に乗って目指すは那須塩原駅。

車窓に芭蕉の句が浮かぶ。

——石の香や　夏草赤く　露あつし——

九尾《きゅうび》の狐伝説で知られる〈殺生石〉である。

毒気を吐く石といわれるが、それほどに、湧き出でる温泉が力強いのだろう。

静養するにふさわしく、かつ湯量が豊富とあらば、宿としては申し分のない立地だ。

そんなことを考えるうち、あっという間に東北新幹線は、那須塩原の駅に着く。

一日二本だけだが、那須町が運営する送迎バスがある。これに乗れば宿までは三十分ほど。

このアクセスのよさも魅力のひとつとなる。都心からリゾートへ、ちょうどいい距離感。加えて辿る道筋が極めて美しいことも、宿への期待を高めてくれる。

那須街道の道沿いには、茶と緑以外の色がほとんどないのである。広葉樹林の間に点在する店の看板が、ほぼすべて茶色に塗られている。古都京都をも上回る、厳しい景観規制のおかげだろうが、この一事をもってしても、きっと美しい佇まいの宿が待っていると確信できる。

那須別邸 回　其の七風呂

『那須別邸 回』に着き、アプローチを歩くと、まさにその通りの宿だった。

雑木林の中に建つ宿は、すこぶる控えめな佇まいで、しっとりと周りの空気に溶け込んでいる。過ぎたる主張は景観を壊し、それがそのまま宿の有り様と重なるのが常。この宿は、それとはまったく逆のベクトルを示す。緑豊かな自然を宿の中にまで取り入れ、目を、心を休ませてくれる。

たとえば、宿に着いてすぐに通されるラウンジ。ウッドデッキの向こうに広がる緑の、なんと鮮やかなことか。造り込まない庭からやわらかな風が流れてきて、瀟洒なラウンジに、穏やかな空気を漂わせる。

ウェルカムドリンクで喉を潤し、ひとときの安らぎを得て、案内された部屋もまた、華美な演出を避けながらも、端正にデザイニングされた空間。

部屋の名は漢数字。壱から九まで、そして離れ。どれひとつとして、同じ造りの部屋はない。間取りも違えば、調度、眺めも異なる。

どこも魅力的だが、僕の気に入りは〈壱〉。和室を持たない部屋だが、不思議なことに流れる空気には、どこかしら和を感じさせる。

リビング、テラス、ベッドルーム、バスルーム。広々とした空間ながら、居心地を計算して設計されているせいか、どこにいても落ち着く。取り分け気に入ったのが、客室の屋外と内側を繋ぐテーブルスペース。ここを言葉で説明するのは存外難しいのだが。

内側に座っても屋外と同じ開放感が得られ、外に腰掛けても内と変わらぬ安心感がある。パソコンを広げて仕事をするも良し。山の幸をメインに据えた夕餉をじっくりと味わうのも良し。あるいはトワイライト・シャンパーニュを愉しむのもまた良し。

外と内の絶妙なバランスは、この客室の風呂にも見てとれる。

これも言葉では説明しづらいのだが、鉤の形をした湯船が印象的な風呂。ここから見える緑の有り様が美しい。時折り、木漏れ日が湯に揺れ、そよ吹く風がさざ波を立てる。掛け流しの湯に浸かりながら、自然を身に纏う幸福感は、何ものにも代えがたい。つまりこの宿は、自然を制するのではなく、ましてや自然に頼るのでもない。宿もまた、自然のひとつとしていて、旅人はそのことに心を安らげるのだ。

そしてその姿勢は、食にも表れる。食材の声を聞き、あるがまま、素直に調理する。器こそ吟味するものの、今どきの創作和食のような、過剰な演出は一切しない。

たとえば鮎の塩焼き。串刺しにした鮎を焼き、笹や箕《み》を敷いた竹籠に横たえる。あたかも釣り上げたばかりの鮎を、川辺で焼いて食べているような、そんな風情が食卓に漂う。

あるいは、しゃぶしゃぶ。那須牛と那須豚、野菜を盛るのは、縦にスパッと切った青竹。節で野菜と肉を分ける。これもまた、野にあって食べるような空気を醸し出す。

建屋、部屋、湯、食。すべてにおいてナチュラルそのもの。

自然と共に生き、しかし快適な設備を備え、別邸としての役割をちゃんと果たす。それを見事に実践している宿。『那須別邸 回』はリゾートの理想型である。

13 湯守《ゆもり》田中屋（塩原温泉）――大自然に溶け込む入浴体験を

厳密に分けられてはいないかもしれないが、野天《のてん》風呂と露天風呂は、まったく別ものような気がする。

最近はやりの部屋つき露天風呂は、室内のようであり、室外のようにも見える風呂で、つまりは外気に触れられるのが最低条件で、近頃では半露天などという言葉もあるようで、露天というのは、まずは雰囲気重視といったところだ。

露天風呂という言葉は温泉好きの琴線に触れると見えて、部屋に露天風呂がついていると、宿泊費が多少割高であっても人気を呼んでいる。

古くから備えていた宿は別にして、最近のブームに乗って部屋に露天風呂を造った宿では、思ったほどの開放感を得られないケースが少なくない。たいていはベランダの一部を改造して露天風呂を造る。造るといっても、信楽焼の大きな壺を置き、そこに湯を張って露天風呂とするパターンも多い。

眺めがよければ、それも悪くないのだが、周りを囲ってしまって、眺望がきかないところだと、ただ外気に触れることができるだけで、露天と呼べないような気がする。

それに対して、野天はきっぱりと野天だ。基本的に屋根がなく、四方に壁もない。無防備極まりないのが野天風呂の醍醐味である。

ああ。これが本当の野天風呂なんだ。全国津々浦々、名湯行脚を続けていても、そう思える湯は数えるほどしかない。その中で極みの野天風呂と呼びたくなるのが那須塩原にある『湯守田中屋』の渓流野天風呂である。

湯守田中屋　大自然の中の湯

秘湯の趣《おもむき》をも秘めたこの野天風呂に辿り着くのは、そう容易いことではない。

東北新幹線の那須塩原駅からバスに乗ること小一時間。塩原大網でバスを降り、ようやく宿へ。いざ野天風呂へ。そう意気込んでみても、宿の内外にそれらしきものは見当たらない。

それもそのはず。宿名物の渓流野天風呂へは、宿の前の道を横切り、谷底に向かって三百段ほどの石段を下らないとその姿を見ることができないのだ。

世に先憂後楽という言葉があるように、ハードな行程を経てこそ、喜びは倍加する。まだかまだかと、渓流を見下ろしながら、一段一段石段を下っていき、ようやくその湯に身を沈めたときの喜びといえば、それはもう。三百段が五百段でもいい。この極上の開放感に浸れるなら。誰もがそう思うのは、せせらぎの音に耳を澄まし、視線に入るすべての緑に目を休ませ、毎分三百リットルを超えて湧き出る温泉に身をゆだねることなど、稀有《けう》なことだとわかるからだ。

〈仙郷湯〉〈河原湯〉〈石間湯〉と三つの混浴野天風呂と、〈美人湯〉と名づけられた女性専用の野天風呂には滔々と湯が湧き出ている。

一分一秒でも長く浸かっていたいのは、三百段の石段を見上げるからでもある。下ったら上る。世の必定はここでも先憂後楽。

息を切らせながら上った後には、囲炉裏端での極上美食が待っている。山の幸、川の恵みを素直に調理した料理は湯上がりのお愉しみ。湯も素朴で自然なら、料理も地産地消を謳《うた》うにふさわしい。バリエーション豊かな客室は、予算や目的、人数に合わせて選び分けることができ、使い勝手もいい。

湯守の名に恥じることなく、湯の恵みを守り続ける宿に泊まり、真の野天風呂をじっくりと、何度も堪能したい。

14 香雲館《こううんかん》――クラシカルな和洋折衷に酔う

万葉集にもその名が登場するほど、長い歴史を誇る伊香保《いかほ》温泉。長い石段をシンボルとして、今に至る温泉街の形を作り上げたのは戦国時代だといわれる。

長篠の戦で傷ついた武田の軍勢は、伊香保の湯で傷を癒したといい、実際に温泉街を整備したのは、当時上州一円を支配していた、真田昌幸《さなだまさゆき》だったと伝わる。時代は下って近代に入ると、徳富蘆花、竹久夢二、与謝野晶子などの文人たちが足繁く通う湯処となり、その作品作りに大きく寄与した。

万葉の昔から、戦国の世、近世まで、多くの人々を癒してきた湯は今も健在で、温泉街には五十軒近くの宿が客を待ち受けている。

伊香保へ向かう道筋で、必ず目に入ってくるのが榛名山《はるなさん》。古来より山岳信仰を長く受けてきた山の姿は、しばしば夢二の絵にも登場する。

榛名湖の傍にアトリエを構え、しばしば伊香保に訪れていたという夢二が、スケッチブックを携えてふらりと歩いていそうな坂道の途中に、城壁のような石積み門を持つ宿がある。その名を『香雲館』という。

文久年間創業という宿の別館として建てられた宿は、わずか十室のみの小さな規模だが、それぞれの部屋の意匠が異なる。それらの客室が、平安の都から、室町時代、江戸の昔、はてはルイ王朝の盛りまで、まさに伊香保が辿ってきた年代をデザイニングしているのは実に趣深い。

〈松竹梅〉〈花〉〈月〉〈鳥〉など、どの部屋もそのテーマに沿って設えられ、伝統を守る匠たちの手によって、非日常の居心地のよさを生み出している。

案内されたのは〈銀閣〉。京都洛北〈慈照寺〉をイメージしたのだろうと推し量って部屋に入ると、アプローチの正面に鎮座するフランシス・ベーコンの胸像に意表を突かれる。続くダイニングルーム、傍らのツインベッドルームと、エドワード朝の様式を再現したというから驚くばかり。

廊下を抜けると一転、純和風の設えに変わり、二畳小間の茶室を備えた座敷に上がり込むと、ようやく〈銀閣〉の意がわかるという凝った仕掛けだ。

数寄屋《すきや》風、古民家風など、旅館の客室は定型化されることが多いが、ここまで独創的な設えは、他に類を見ない。さらにはそこに伊香保という地の歴史を重ね合わせているところに、宿造りに対する並々ならぬ意欲を感じる。
その典型ともいえるのが〈鳥〉の間。入口正面に飾られた母子フクロウの木彫。
アイヌの名匠が彫ったというフクロウはアイヌの守り神。そして伊香保という地名は、アイヌ語で〈たぎる湯〉を意味する〈イカホップ〉を起源とする説がある。大浴場をはじめ、この宿のそこかしこにフクロウが潜んでいるのには、そんなわけがあったのだ。

　どこの地にあっても同じようなデザインで、宿の名前までも同じくするような、悪しき風潮に迎合する時代。その地の歴史、個性、風土に寄り添う宿は今や貴重となってしまった。

　規範となるべき『香雲館』は、料理もまた、その土地ならではの個性を大いに発揮する。上州牛《じょうしゅうぎゅう》、武尊サーモンをはじめ、下仁田ネギ、下仁田こんにゃく、妙義産大椎茸など、地元の食材をふんだんに使いながら、洗練の技を加え、見た目に美しく、食べて美味し

香雲館〈銀閣〉のデッキ

い料理に仕上げている。

ただ地産地消を謳うだけなら容易《たやす》い。しかし宿の料理として完成させるのは難しい。それをやり遂げるには、ただ技だけでなく、地元に対する誇り、愛情があってこそ。つまりは心である。

佳き宿の条件として、最も大切なのは心だと常々思っている。心なくしては設えも、接客も料理も客の心に響かない。

デザイナー任せの設え、マニュアル通りの接客、流行りを追うだけの料理。そういう宿に辟易《へきえき》しているなら、ぜひこの『香雲館』を訪ねてほしい。真の〈おもてなし〉とは何かが、きっとおわかりいただけるだろう。

――松老白雲多――の書が、〈銀閣〉の茶室に掛けられていた。

白雲のように、香り立つ湯煙に包まれて過ごす一夜に、身体も心も芯から癒される湯宿である。

15 つつじ亭（草津温泉）

——板で湯もみして入る、味わい多い草津の名旅館

日本三大名湯のひとつ、草津温泉の名はあまりにも有名だ。下呂《げろ》温泉、有馬温泉と並んで、名泉であると共に、いかにも温泉地らしい佇まいで誰にも馴染みが深い。湯畑、湯もみ。草津温泉の情景を思い浮かべるのは容易だが、では草津を代表する宿は、といえば、すぐには浮かんでこない。そんな時代が長く続いた。

豊富な湯量を誇り、それゆえ大型旅館が軒を並べていたことも、その一因となったのかもしれない。あるいは湯治を目的とした値頃な宿が多く湯畑を囲んでいたからだろうか。これほどの温泉地でありながら、質のいい小さな宿がほとんどなかった。

多くの観光客でにぎわう湯畑から東へ、少しく離れる。川沿いをさらに歩き、「草津熱帯園」を越えて、ようやく目指す宿がその姿を現す。

『つつじ亭』。なんとも控えめな宿の名だ。いってみれば、つつじの花などは格別珍しいものではなく、普通は花見の対象にもならない。そんな地味な花の名を宿に冠し

たところに、実はこの宿の狙いがあるのだろうということが、泊まってみればよくわかる。

多くの宿は、どうにかして個性を際立たせよう、他に類を見ない宿を造ろうと目指すのだが、ここ『つつじ亭』はそれとは逆の方向を向いて歩む宿のように思える。

個性というものは、ある意味で諸刃の剣である。客の嗜好と合えばいいが、合わなければ疎《うと》まれる。花にたとえるなら桜。強烈な個性を見せる花を多くの日本人は愛するが、中には桜を嫌う人もいる。それが、つつじとなると、強く愛する人も少ないだろうが、嫌う人もいないに違いない。

この宿はきっと、世にいう、空気のような存在感を目指したのだろうと思う。

宿は、あっけないほどに、その相貌《そうぼう》を顕《あらわ》にする。客を威圧するような、大仰な門構えもなく、すんなりと宿に入る。と、ここでも高級旅館というよりはむしろ、瀟洒な邸宅といった趣で、客を温かく迎え入れる。

宿の中も然り。きちんと整えられてはいるが、日本旅館特有の、緊張感を強いるような設えではない。

他の場所でも繰り返し述べているように、今、日本人が日本旅館、それも一定ランクを超える宿を訪ねるとき、少なからず身構えてしまう。その肩の荷をさらりとおろしてくれると、客はどれほど気が楽になることか。

客室へと案内される途中、ホッとため息を吐いたなら、それはもうすでに『つつじ亭』の術中にハマっている証。

つつじ亭　貸切風呂

客室は十室。主人の目が届く範囲だ。通されたのは〈三輪〉の間。本館の一階にあって、部屋つきの風呂に温泉が掛け流されているのがうれしい。小ぶりの湯船だが、ひとりで入るにはちょうどいい。

いくぶん熱めなので、湯畑のショーを真似て、板で湯もみする。これがまた愉しい。ゆるりと身を沈めると、湯が音を立てて溢れる。これぞ温泉の醍醐味。

『つつじ亭』にはほかに、大浴場にあたる〈うららの湯〉と貸切風呂がある。泉質が異なるので、できれば両方入りたい。まずは人気のある貸切風呂の予約をしておき、〈うららの湯〉へと足を向けるのが『つつじ亭』

の正しい風呂の入り方。

さて『つつじ亭』。本領を発揮するのは、その卓越した料理である。部屋ではなく食事処で供されるのも、最良の状態で、叶う限り早く客の膳に届けたいと願う表れ。

京懐石ほどには気取らず、並みの旅館会席とは一線を画し、地の素材と、遠来の希少な食材を組み合わせ、客の嗜好に寄り添う料理は、草津の湯と同じく心に効く。

すべてに控えめなのがいい。これ見よがしの盛りつけではなく、さらりと品よく、器映えのする料理は、どれもが量も少なめで、味わいも慎み深い。たとえば、夏の夕餉に出された鮎の塩焼きなども、小ぶりの鮎を丹念に焼き上げ、さらりと二匹を横たえる。化粧塩を塗りたくることもなければ、大仰な笹飾りも施さない。それはきっと、料理に軽重をつけないからだろうと思う。

前菜とメインディッシュという分け方をするのは、西洋的な考え方だろう。一汁三菜をベースとしてきた日本料理には、主役という考えがない。だが、ともすれば昨今の和食はメイン料理を決めたがる。京都の割烹《かっぽう》あたりなら、それもいいだろうが、旅館の夕餉となれば、主菜を決めず、幾皿かの旨い料理を続けることが望まれる。

鮎の後には上州牛も控えている。さりげなく美味を連ねる組み立てこそが、日本旅館の夕餉にはふさわしい。

食後にもうひと風呂、もいいが、余韻を味わうなら、暖炉を備えた談話室で、温かい紅茶を飲みながら、ぼんやりと過ごすのも悪くない。北欧のプチホテルにあるような、円形の瀟洒な部屋で心を鎮める。

ふうわりと心が安らぐ宿。それが『つつじ亭』である。

16 季粋《きすい》の宿 紋屋《もんや》 ——赤ちゃん連れ歓迎の、家族みんなに優しい宿

東京から西へ行けば、伊豆箱根。一方、東へ向かえば房総。こちらも多くに馴染み深い観光地である。

鴨川シーワールド、マザー牧場、野島崎《のじまさき》灯台。バラエティ豊かな観光スポットがある中でも、突き出た岬に建つ野島崎灯台ほど、旅情を掻き立てるものはない。その灯台のすぐ近くに、湯と味に秀でた宿があり、その名を『季粋の宿 紋屋』という。

地図を見ると、鉄路よりも車でのアクセスがよさそうだ。東京駅の八重洲南口から

紋屋　太平洋を望む絶景宿

〈房総なのはな号〉というバスが出ていて、これに乗れば、二時間半強で安房《あわ》白浜《しらはま》駅のバスターミナルに着く。ここから宿に電話すれば迎えに来てくれる。「紋屋旅館」と書かれた木製の看板を横目にして、宿に入る。

客室は六つのタイプに分かれ、全部で二十五室。旅の目的に応じて選び分ければいい。雄大な太平洋と野島崎灯台を一望できるオーシャンビューの宿は、赤ちゃん連れや妊婦さんにも優しい宿として、広く知られている。

美肌の湯と称されるメタ珪酸を泉質とする温泉があるのもうれしい。野島崎灯台を望む〈光の湯〉と、瀟洒な坪庭を眺めながら湯を愉しめる〈季の湯〉。二箇所の温泉浴場があり、のんびりと海辺の湯を堪能できる。

この宿は、南房総きっての味の宿としても名高く、その名も〈南房総美食膳〉と名づけられた夕食には定評がある。最上より最良を、というポリシーに沿って調理された料理は、郷土料理を中心に据えながらも、洋食や中華、時にはエスニックの要素も取り入れ、客を飽きさせることがない。

書や写真をはじめ、あらゆる芸術をたしなむ女将の存在が、宿に季節の華やぎと、安らぎのもてなしを与えている。〈季粋〉という言葉が心に沁み入る宿である。

17 強羅環翠楼《ごうらかんすいろう》（箱根）

——歴史が根づく建物で、最高のホスピタリティにくつろぐ

正直にいえば、箱根の宿には、あまりいい思い出がなかった。プライベートで訪れても、取材という機会を通じても、箱根の宿にさほどの魅力を感じたことがなかった。それらは主に最近できた新しい宿。つい新しきに目が行き、泊まってみて落胆する。スタイリッシュと斬新さを売り物にして、芸能人御用達もセールスポイントにする、その手の宿。

一番のネックはやはりその価格。首都圏から近いことも手伝って、どこもが強気の

価格設定をしている。アクセスのいい温泉地ほど宿泊費は高くつく。その例に違わず、箱根価格と呼ばれるほどに、コストパフォーマンスは悪い。

さらにはおおむね、サービスも決していいとはいえない。リーフレットやホームページでは、「心のこもったおもてなし」と謳うが、実際に訪ねてみると、そのぞんざいな態度に驚かされる。客を見下すような姿勢は、箱根に限らず、アクセス至便な地に多く見られる。放っておいても客が来る、そう思い込んでいる経営者が少なくない。

何度もそんな場面に遭遇したから間違いはない。

たとえば湯本の旅館A。三時のチェックインと聞いて、二時半過ぎに宿に入ると、まるで役所のような決まり切った台詞。

「お約束は三時ですので、それまでロビーでお待ちください」

仕方なくぬるい茶を啜《すす》りながら時間をつぶす。テレビの時報が三時を告げたのを確かめてから、ようやく仲居さんが現れたが、お待たせしました、の一言もない。ひょいと僕のバッグを持って、すたすたと歩き始める。

長い廊下を辿ってようやく部屋に。まずは僕の背丈を見て、

「あとで特大をお持ちします。夕食は何時になさいますか」

「七時でお願いできますか？」

「七時だと遅れるかもしれませんが、それでもよろしいですか？」

「どういう意味です？」

「皆さん六時からお召し上がりになりますので、そのお客さんが終わってからになります。七時半くらいになると思いますよ。それでもよろしければ」

強羅環翠楼　〈晴旭〉の間からの紅葉

言外に六時からにしろと言っているようなものだ。待たされるのは大の苦手なので、六時からにした。
一事が万事この調子であった。要するに客の意向より、自分たちの都合を優先させる。こんなことで居心地のいいはずがない。
それに比して、この『強羅環翠楼』。さすがに老舗宿と感じさせる場面に幾度も遭遇した。本来の箱根の宿は、これほどに高いホスピタリティを持っていたのかと感心した。僕は箱根の宿、といいながら、新しきばかりを訪ね、伝統ある老舗宿から足を遠ざけていたことを、大いに反省した。

箱根登山鉄道の強羅駅から、歩いて三分ばかり。多くの旅人が行き交う駅のすぐそばにあるとは思えないほど、宿のアプローチに入った途端に閑静な空気に包まれる。

まずは控えめな玄関の佇まい。古きよき家の姿に志の高さを感じる。名高き文人の住まいを彷彿させる建屋は、元々、三菱系財閥、岩崎家の別荘だったと聞いて納得。戦後間もない昭和二十四年の開業だという。半世紀を超える歴史はダテではない。設えにも、ここで働く人々にも、その歴史が浸透している。

広い敷地に点在する客室はいずれも、本格的な木造建築。帳場の横から階段を上がって二階。〈晴旭〉の間などがその典型だろうか。

大正十年の建築。岩崎家の別荘だった頃には、主賓を迎える部屋として使われたのではないかと思うほどに、贅を尽くした建築。天井はあくまでも高く、欄間《らんま》の細工も念入りなら、使われている柱にはフシがほとんどない。十二畳と十畳、二間続きの客室には当然のごとく、源泉掛け流しの風呂が備わっている。こういう部屋が本来、箱根の温泉宿なのだろうと思う。

部屋出しされる料理もまた然り。先付、前菜、向付と続き、煮物、焼物、肉料理と流れていく夕餉は、正しい旅館料理である。〈華清園《かせいえん》〉と名づけられた、よく手入れの行き届いた庭園を散策し、二本の源泉から湧き出る温泉をゆったりと愉しむ。すべてに真っ当な、箱根時間を過ごすことができる。何ら奇をてらうことなく、オーソドックススタイルを守り続ける宿に、真の箱根の姿を見た。

18 仙郷楼《せんきょうろう》 別邸「奥《おく》の樹々《きぎ》」（仙石原《せんごくはら》）――少し贅沢に、かつ静かに

明治三年創業という、長い歴史を持つ仙石原の老舗旅館『仙郷楼』が満を持して、平成十七年に開いた別邸。それが別邸『奥の樹々』である。館そのものは新しくとも、宿の歴史は古い。ここもポイントのひとつになる。

木造平屋の本格数寄屋建築で、客室の数はわずかに六つ。そのどれもが二十五坪以上の広さを持つというから、まさに別邸。

本館の横に建つ別邸だが、その控えめな構えもあって、それと気づかずに通りすぎ

る客も少なくないという。何かというと豪華さを競うような、今どきの旅館モドキにはない品格を感じさせてくれる。

　料亭をも思わせる瀟洒な玄関から館内に入ると、大きくガラス窓の取られた明るいロビーラウンジへと至る。わずか六室だけのためのラウンジは贅沢な空間だ。

　このラウンジから畳敷きの長い廊下を伝って、それぞれの客室へと続いていくのだが、この廊下もまた風趣があり、ちょうど池に浮かぶ回廊のような造りになっている。

「奥の樹々」　客室

　特筆すべきは、すべての客室に源泉掛け流しの露天風呂と、庭から空を望む月見台を備えていること。
　僕のお気に入りは〈山栗〉の間。十畳が二間続きになり、広縁に露天風呂が備わる部屋だ。ただ広いだけの部屋もつまらないが、どう使えばいいのか、頭を悩ますほどに、余計な設備を備えた部屋も使いづらい。そこへいくと、この宿の造りは極めて使いやすい。手前の十畳を食事室として使い、奥のほうを寝室にする。あるいは二世代で泊まるなら、それぞれを使い分ける。トイレが二箇所あるので、そうした使い方もできる。

部屋の名の由来は、その庭に植わる木。これもまた粋な趣向である。

宿の有り様と同じく、朝夕の料理もまた、華美に走ることなく、しかし上質を極めたものである。時に繊細な盛りつけが出るかと思えば、一転してダイナミックな皿が出てくる。緩急をつけた料理もおすすめ。

少し贅沢に、かつ、静かに過ごしたいという向きには格好の宿である。

19 富士屋ホテル ――不易流行、一生に一度は泊まりたい王道の老舗ホテル

箱根のランドマークとして、古くから観光客に親しまれている『富士屋ホテル』。多くの人々がその佇まいを見上げ、足を踏み入れ、美食に舌鼓を打ち、一夜の寝所と

して定め、憩いのひとときを過ごしてきた。

その関わり方はさまざまなれど、箱根を訪れるあらゆる観光客の心を満たし続けているこのホテルはなぜ、それほどまでに長年にわたって愛され続けているのか。数多《あまた》ある箱根のホテル旅館の中で、際立った存在感を見せる秘密はどこにあるのだろうか。

箱根湯本から強羅へと辿る途中、宮ノ下駅からほど近い、国道一号線沿いに建つ宿は、都心の高層ホテルを見慣れた目に、ホテルより旅館に近く映る。

ひっきりなしに車が行き交う交差点から敷地に入り、玄関先に立つと、「レトロな空気」という一言では言い尽くせない、クラシカルな佇まいに圧倒される。

今から百四十年も前に創業した『富士屋ホテル』は、日本におけるリゾートホテルの草分けとして知られる。その創業の年、明治十一年といえば「西南戦争」がようやく鎮圧された翌年にあたる。つまりはいまだ明治維新が落ち着きを見せていない頃である。そんなときすでにここ箱根には、かくも優美で遊び心溢れるホテルが建築されていたということに、感嘆せざるを得ない。ホテルに足を踏み入れ、廊下を歩き、階段を昇り降りするたびに、その思いは増幅されていくばかり。

泊まらずとも利用できるレストラン〈ウィステリア〉でホテル名物ビーフカレーに

舌鼓を打った後、ティーラウンジ〈オーキッド〉で馨《かぐわ》しいコーヒーの香りに心を休める。そんな客たちが、ホテルの本館に心地よいざわめきを響かせる。

案内されて本館二階のツインルームへ。大きなドアを開き、中に入ると、不思議な空気に包まれる。高い天井。何のてらいもなく、しかし存在感のある家具。部屋のあちこちに施された細かな装飾。

富士屋ホテル　客室

有名無名を問わず、多くの外国人客が過ごしたであろう客室は、エキゾティックな空気に包まれていて、どこか日本旅館のような和らぎをも持っている。

それはきっと、伝統と格式を重んじながらも、ハートフルなサービスを際立たせているからだろう。日本風の庭園やホテルのそこかしこに造られた「和」の意匠が醸し出す空気がそれを象徴している。

リゾートホテルが整えるべき設備は最小限に留

め、日本旅館にも通じる「もてなしの心」は惜《お》しみなく伝える。これぞ本物のホテルである。

とかく慇懃《いんぎん》に過ぎる接客が、客の心をざわつかせることが多い老舗ホテルにあって、『富士屋ホテル』のスタッフたちのサービスはやわらかくも温かい。ちょっとした頼み事や尋ね事に対して、にこやかな笑顔で、丁寧に応えてくれるのがうれしい。

首都圏からのアクセス至便な箱根は、客のニーズに応えるべく、絶えず新しきを求めている。団体客からファミリーへ、さらにはお籠り系カップルへと、めまぐるしく変遷を遂げる客層の望む姿へと、宿はその様相をがらりと変える。むろんそれは箱根に限ったことではないのだが。

スクラップ&ビルド。壊して建て替えた方が遥かに効率はいいだろうが、あえて熟練の職人の手に委ね、文化財の修復にも通じる普請を重ねることで、今日の『富士屋ホテル』はその姿形を保ってきた。

ホテルという形態ゆえ、営業を休止して修復するわけにはいかない。営業の合間を縫って、極力客の目に触れないように改築や営繕《えいぜん》がなされる。わずかな時間に集中して工事を行うためには多くの工夫や努力が必要だ。

あるいは長い歴史の間に増え続ける顧客は、その多くが常連客になる。レストランの席や料理について、彼らの希望に可能な限り応えようとすれば、そこには大きな困難が伴うことだろうが、誇り高きホテルスタッフにはやり甲斐のある仕事に映る。

営繕という仕事に打ち込む熟達の職人、温室のすべてを管理し、草花を育てることに日夜専心するスタッフ、宿泊客向けに、夕方館内を案内するコンシェルジュ、レストランを訪れる客の好みを把握し、心を配るウェイターやソムリエ。お話を伺ったすべてのスタッフがこの『富士屋ホテル』をこよなく愛してやまないことが、ひしひしと伝わってくる。

どうすればゲストが心地よく過ごせるか、ただその一点にのみ心を砕く人々が最も大切にしているもの。それは「守る」ことだと気づいた。古き建築を守り、古くからの客を守る。新しきを追う風潮には無縁の姿勢が、このホテルを、燻《いぶ》し銀のように渋く輝かせているのだ。

「不易流行」。時代に翻弄されることなく、百四十年もの間、ずっと王道を歩んできた『富士屋ホテル』。二〇一八年春から大改装のために休館するが、その姿形はもちろんのこと、可能な限り客をもてなす心根は、きっとこの先も変わることなく、きらきらと輝き続けることだろう。

20 オーベルジュ オー・ミラドー（箱根）

――箱根西麓野菜とシェフの、幸福な出会い

箱根に『オー・ミラドー』あり。食通には憧《あこが》れともいえるオーベルジュも、早三十二年の歴史を数えた。時代に取り残されたペンションが、その名前のみ切り替えたオーベルジュではなく、本物のみが持つ風格を湛えたエントランスを入ると、心浮き立つレストランがドアを開いて待ち受ける。

「ようこそオー・ミラドーへ」。

辿り着いた感が、都会のレストランにはない昂揚感を与えてくれる。

東京を離れ、この地でオーベルジュを開いたシェフは、地の野菜を求めようとして、ある日偶然、朝市で箱根西麓《せいろく》野菜と出会う。これぞこの地に求めていた食材だと確信したシェフと、機会を待っていた野菜の作り手が運命的な出会いを果たす。

箱根西麓野菜を得て、シェフの作る料理は箱根ならではのフレンチになった。世界に名だたる美食都市東京と同じ、いやそれ以上の洗練を極めつつ、箱根という地の土の香りを残す料理は、真の三ツ星レストラン。わざわざに足を運ぶ価値ありだ。

十二歳以下はお断り、ドレスコードはいわゆるスマートカジュアルというスタンスもいい。媚びないレストランはすこぶる居心地がよく、野菜の旨さはもちろん、愛鷹《あしたか》牛、芦ノ湖の紅鱒、天城《あまぎ》シャモなどの吟味した食材を、熟達の技で調理する。

オーベルジュとは本来、宿泊もできるレストラン。ある意味で客室は付加施設なのだが、このオーベルジュは真っ当な客室を備え、かつ温泉大浴場、露天風呂、屋外温水プールまでを持つ。プチホテルともいえる充実度である。

オーベルジュ オー・ミラドー

眼下に広がる芦ノ湖から吹き渡ってくる凛《りん》とした風と、箱根の森が醸し出すフィトンティッドが絶妙のスパイスとなって、味わいに一層の深みを与える。箱根という地にしっかりと根づいたオーベルジュは、あくまで自然体を守る。

旨いものを食べに箱根に行く。せっかくだから泊まっていくか。そんなおとなの時間を過ごせる素敵な宿だ。

21 ホテルはつはな（箱根）――桜に包まれた、箱根の数少ないおすすめ宿

宿は必ずしも家業でなくてもいい。たとえ大きな企業が運営したとしても、志さえ失わなければ、評価すべき宿があれば、それを名宿と冠するのにためらうことなどない。

たとえば箱根の『ホテルはつはな』などがその典型だろうか。大きな電鉄会社が運営する宿とは思えないほどに、小回りがきき、使い勝手のいい宿である。

小田急といえばロマンスカー。新宿駅からは一時間半とかからず、箱根湯本の駅に辿り着く。そこからはバスに乗り換えて十分ほど。つまりは新宿から二時間足らずで宿に着くという寸法。

「はつはな」と聞いて、お茶人さんなら、徳川将軍家伝来の「大名物」として名高い茶入を思い浮かべるだろう。楢柴肩衝《ならしばかたつき》・新田《にった》肩衝と並んで天下三肩衝と呼ばれた茶器のひとつを「初花」と呼ぶが、箱根界隈《かいわい》で、はつはなといえば、その春、最初に花を開く桜を指す。箱根では躑躅《つつじ》と共に、花は桜。

ホテルはつはな　エントランス

日本を代表する観光地である箱根で咲く桜。まさしくそれは、絵になる光景であり、箱根という地をよく表す絵柄である。それを宿の屋号にすることからしてすでに、僕にとっての名宿の条件を満たしている。

かつて、この『はつはな』のすぐ近くに「桜」を冠した屋号の宿があった。その屋号通り、宿の随所に桜のモティーフがちりばめられ、石鹸までもが桜のデザインになっていた。桜の花が咲く頃に幾度となく泊まった宿は、近頃、旅館再生を旗印に掲げるグループの手に渡り、屋号から「桜」

の文字は消え、日本中に点在するリゾートチェーンと同じ屋号になった。

きっと建屋の随所には桜の意匠が残ったままのはずだが、そこに目を遣ることなどなく、ファストフードよろしく、全国どこに行っても同じ屋号の宿になってしまった。ホテルならそれでいいだろうと思う。だが日本旅館というものは、その地を色濃く映し出すこともまた、使命のひとつなのである。

「桜」が消えた今、余計にこの『はつはな』という宿の名が輝いて見える。むろん、宿の名だけが輝くのではない。名は体を表す。玄関先から入って、広々としたロビー、食事処、客室、温泉棟。すべてに行き届いた宿である。

湯坂山《ゆさかやま》の山ふところに抱かれ、須雲川《すくもがわ》沿いに佇む宿は、五十室近くの客室を擁する比較的大きな宿だが、宿に入るとそれをまったく感じさせない。多くのバリエーションを持つ客室の中で泊まったのは、露天風呂つき和洋室タイプ。107号室である。ツインベッドが置かれた洋間、掘りごたつ式になった六畳の和室。それにテラスの露天風呂がつく。自家源泉の掛け流しがうれしい。四季折々に変化する湯坂山を眺め、誰にも邪魔されることなく、存分に湯を愉しめる。

希望すれば部屋食も可能だが、雄大な眺めを間近にできる食事処がおすすめ。豪華にいくなら〈懐石味匠《みしょう》〉。箱根の宿ならではの華やかな盛りつけに、多くが歓声を上げる。

部屋に戻って、もうひと風呂。しんしんと更《ふ》けゆく夜に心が鎮まってゆく。

何よりありがたいのは、チェックアウトが正午ということ。この辺りが大きな企業が運営するメリットだろう。家業ではきっと難しいに違いない。

箱根でおすすめする数少ない宿。

22 強羅花扇《ごうらはなおうぎ》 円かの杜《まどかのもり》――森の中の宿、木に包まれる部屋

比較的新しくできた箱根の宿である。飽和状態に見えて、箱根はまだまだ宿が足りないようで、次々と新しい宿ができている。ただ泊まればいいというなら、いくらでも宿はある。だが、名宿と呼べるような宿となると、なかなか思い当たらないほどの宿不足だ。

首都圏からのアクセスもよく、四季を通じて愉しみの多い箱根なればこそ、いい宿

に泊まりたいと誰もが願う。

『円かの杜』。まどかのもり、と読む。円かとは穏やかなさま、欠けたところのないさま、をいい、この宿の有り様をよく表している。

多くの宿がしのぎを削る箱根は、そのアクセスのよさから、高い人気を誇ることもあり、たしかに他の地域に比べれば割高に感じることも少なくない。とはいえ、箱根に来たからには、貧相な宿に泊まることも避けたい。かといって、目の玉が飛び出るような事態も避けたい。人気観光地である箱根ならではの、宿選びの難しさ。

加えて、近年の箱根の宿は偏った特徴を見せ、それゆえ選択肢が狭くなっていることも否めない。

箱根の高級旅館の近年の傾向は、スタイリッシュなお籠り宿。若い富裕層カップルがターゲットなのか、多くが客室に籠もって過ごすスタイルを提案する。

他の客とは極力顔を合わさないで済むよう、ロビースペースは最小限。大浴場は造らず、部屋に露天風呂を設える。朝夕の食事も個室仕様のダイニングで摂るスタイル。日本旅館に慣れていない向きには、これも新鮮に映るのだろうが、真の旅館好きには、なにかしら物足りない。

僕などは、部屋に籠もりっぱなしだと息が詰まる。売店を物色したり、ロビーラウンジでお茶を愉しんだりしてこその旅館だと思う。もちろん部屋に露天風呂がついていれば、それはそれでうれしいが、眺望もなく、ベランダに大きな壺風呂を置いたようなものならないほうがいい。

円かの杜　半露天風呂つきの部屋

温泉宿に泊まるなら、何よりも手足を存分に伸ばせるような大浴場に入りたい。それに加えての、部屋の露天風呂なら申し分ないのだが、そういう宿は思いのほか少ない。

近年、僕好みの頃合いの宿を見つけて、足繁く箱根に通うようになった。それが「強羅花扇」という旅館で、規模も、部屋も、湯も、味も、すべてに過不足のない、極めて泊まり心地のいい宿なのである。

その宿が、同じ箱根の地で新しい宿を始めたと聞き、早速足を運んだのが、「強羅花扇」に勝るとも劣らない佳宿『円かの杜』である。

宿は箱根ロープウェイの早雲山《そううんざん》駅近くにある。宿へと続くアプローチを抜けて、駐車場からエレベーターで上る。と玄関先で迎えてくれるのが水車。

箱根で水車。意外に思える取り合わせだが、大らかな箱根連山を背景にして、水音を立てて回る水車は、日本の原風景。ほっこりと旅人の心を和ませるのに恰好の役割を演じている。

水車を背にして宿に入ると、広々としたロビーが迎えてくれる。高い天井に太い梁。ふんだんに使われている木が馨《かぐわ》しい香りを放ち、心が静かに安らいでゆく。畳敷きのロビーラウンジに置かれたソファセットやアームチェアは、シンプルモダン。

座り心地のよい椅子でいっぷくした後、案内された客室は、箱根の山なみを眺められる、半露天風呂つきの広々とした部屋。ここにも木の香りが満ち、のんびりと寛げる。

荷を解いたら、まずは大浴場へ。別棟に造られた風呂は二箇所。内湯からも露天風呂からも箱根らしい山の眺めが得られるのがうれしい。

温泉旅館はかくあるべし。宿に着いてから、ひと風呂浴びるまで、何度もそう思った。殊更に気取ることなく、上質の設えを備えながら、真の安らぎ、寛ぎを与えてくれる。

それは食事処で供される、朝夕の食事にも通じる。

季節の移ろいを食膳に映しながらも、華美に過ぎることなく、本当に美味しいものだけを器に盛る。見るだに新鮮な海の幸、旬を切り取った、あしらいの菜。宿の名物ともいえる選りすぐった飛騨牛。何を食べても美味しい。

部屋も風呂も食事も、すべてが自然体ながら、ほどよく気分を昂揚させる宿。故郷に帰ったかのような懐かしさと、ハレの舞台をも感じさせる宿。『円かの杜』はその名が表す通り、心を円く和ませてくれる。

23 ふきや（湯河原《ゆがわら》）——文化薫る湯河原の洗練を

箱根と熱海。どちらもその名は全国津々浦々にまで知れ渡っている。一度は行ったことがある、もしくは訪ねてみたい。日本人なら多くがそう答えるだろう。その両者に挟まれるように位置する湯河原はしかし、関東の方ならいざしらず、その位置を正確に言い当てる人は少ないのではないだろうか。

新幹線だと熱海駅で降りることになる。東海道本線に乗り換えて隣の駅、湯河原までの乗車時間は五分。伊豆と箱根の境といってもいいだろう立地は、両方のよさを併せ持つこととなる。

湯河原という街は、東西、横に広がっている。東に辿ればすぐに相模灘《さがみなだ》。西へ向かえば、峠をいくつか越えて箱根へと至る。つまりは海と山の両方を備え持っている地なのである。

本書もそのひとつだが、地域別に編もうとすると、伊豆は東海地方、箱根や湯河原は関東地方となり、まったく異なったエリアというイメージになる。箱根はともかくも、湯河原には伊豆の香りもするように思えるのだが。

湯河原の宿は多くが東側、箱根に近い方に偏っている。駅から車で向かうと山に分け入っていく感じだ。

湯河原の高台に建つ『ふきや』は、外観こそ個性を排した鉄筋建築だが、一歩館内に入ると、細やかな細工の施された日本建築に心が和む造りになっている。

パブリックスペースには、李朝家具やアンティーク、北欧家具などがあちこちに配され、洗練された空間を生み出している。

湯河原の湯はどことはなしに丸く感じる。一階にある大浴場と露天風呂、屋上に備わる露天風呂。どの湯に浸かっても、心が平らかになる。とりわけ三階にある貸切露天風呂がいい。

ふきや　207号室

丸い樽状の湯船にどっぷりと浸かり、目の前に広がる、緑豊かな山々の眺めに目を遊ばせる。ひとり旅はいささか贅沢が過ぎる。気の置けない仲間や、家族と一緒に、湯浴みを愉しみたいものだ。
客室の数は二十。ほとんどの部屋が四十五平米以上の広さを持つ、ゆったりとした造り。
僕のお気に入りは２０７号室。十畳と八畳の二間に加えて、広縁は八畳、踏込みが三畳。七十四平米という広さを誇る。内湯の檜《ひのき》風呂に入って蛇口をひねれば、源泉百パーセントの湯が出る。
湯上がりには広縁で涼む。フィン・ユールやラーセンなどがデザインしたミッドセンチュリーのデンマークの椅子に座り、山からの風を頬に受ける。心地よい時間を過ごすうち、そろそろ夕餉の支度が整ったようだ。

地元相模湾に揚がった新鮮そのものの海の幸を中心に、黒毛和牛という変化球も加え、京割烹にも通じる洗練の技でそれらを調理する。器も選び抜かれ、四季折々の風情を映し出す盛りつけも相まって、身も心も満たされる。

湯よし、味よし、設えよしの宿である。

24 石葉《せきよう》（湯河原）——涼風のように潔い軽やかさを堪能する

眺めよく、設え美しく、味わい滋味深く。三拍子揃う宿というのも、そうそうあるものではない。加えて万事控えめにして心得よしとなれば、日本広しといえども両手指を数えて、その辺りで首をかしげてしまう。そんな貴重な一軒が湯河原にある。

湯河原の街を抜け、急な山道を登り、いくつものカーブを曲がり、車一台がやっと通れるような細く険しい道を上へ上へと進むと、ようやく辿り着いた宿には、『石葉』

と染め抜かれた大きな白い暖簾がゆらゆらとはためき、涼やかに客を迎え入れてくれる。

本棟から一旦外へ出て、石段を数段上がったところにある離れ〈観月庵《かんげつあん》〉が今宵の部屋。宿の中でも一番の高台にあるので、その眺めは広く深い。

霧に霞む箱根の山々を望む縁台には涼風が吹き渡り、それは夏仕立ての御簾戸《みすど》を通して、部屋の隅々にまで届く。窓の外には、大きく枝を広げる楓が、鮮やかな緑を目に映してくれる。燃えるような紅葉もいいが、露をたっぷり含んだ新緑の、心の襞《ひだ》に沁み入るような清《さや》かさもいい。『石葉』の部屋はその広さや設えに違いこそあれ、豊かな自然との一体感はどこも同じだ。桜の木が目の前に植わる〈桜〉、箱根連山が聳《そび》え立つのを遠くに望む〈城山〉、京都を思わせる小さな坪庭を持つ〈翠〉など、どの部屋も趣の異なる借景を持っている。

自然と一体になることから生まれる「落ち着き」は、日本旅館の要諦なのだが、近頃は作りすぎた「景色」に興を削がれることが少なくない。その点、この宿の「落ち着き」は第一級のもの。

『石葉』の一番の見どころは、その設えにある。これ見よがしにならず、控えめであ

石葉　客室

りながら、それらの存在感は際立っている。たとえば、玄関横の小間に掛けられた熊谷守一《くまがいもりかず》の飄々《ひょうひょう》とした字。あるいは観月庵の床の間に飾られた棟方志功《むなかたしこう》の団扇《うちわ》絵。同じく離れの〈草楽庵《そうらくあん》〉に掛けられた松田正平《しょうへい》の「蛍」一字。どれもが、あくまでさりげなく、ともすれば見逃してしまいそうに、しっくりと空間に溶け込んでいる。実に清かである。とかく重くなりがちなのが日本旅館。だがここでは、湿っぽい情緒を排し、潔いまでに削ぎ落としたさまざまが、宿という空間を軽やかに弾ませる。

大浴場の、扇のような形の四半月に象《かたど》られた小さな湯船からは、山々の緑が存分に眺められ、窓を開け放てば、木々に漉された美味しい空気が入ってくる。岩で組まれた露天風呂、小さな能舞台を思わせる展望台。どこからも宿の甍《いらか》越しに箱根の山々が望める。日が落ち、灯ともし頃になると、どこからか、ぷーんといい香りが漂ってきて、夕餉への期待に胸がふくらむ。

真鶴の港に揚がる海の幸、地元野菜、伊豆牛と食材には事欠かない。茶道にも造詣が深い主人の感性で選び抜かれた器が、料理をより一層引き立てる。すべてに味わい深い宿である。

25 藤田屋《ふじたや》（湯河原）——木々と、花々と

ほどのよさ。頃合い。ちょうどいい按配。湯河原の『藤田屋』に泊まると、そんな言葉が浮かぶ。過不足がないともいい換えることができる。

大仰な施設はなく、十六を数える客室。四箇所の浴室。サロンと応接間。ただそれだけの宿だが、それで充分事足りる。

広縁のついた十畳ほどの和室には、見事な欄間細工が施され、細かな格子がはまった障子の白と好一対をなす。それがまた主張しすぎないのもいい。

温泉宿。まずは何をおいても風呂へ。〈望乃湯《もちのゆ》〉と名づけられた大風呂は檜の丸太

藤田屋〈望乃湯〉

で天井と柱を組み、湯船の下に五色石を敷き詰めた、なんとも贅沢な造り。露天ではないのだが、広くガラス窓が取られているので、丸い湯船に浸かっていると、屋外で湯を浴びているような気分にさせられる。

客室といい、風呂といい、実に穏やかで品がよく、何ひとつ障《さわ》るものがない。すべてに出すぎない宿の姿勢が、きっと客の心を丸くおさめるのだろう。

明治十五年創業という老舗旅館だが、クラシカルなスタイルをきちんと残しながらも、少しずつリニューアルを重ね、昨今のニーズに合わせた露天風呂つきの部屋もある。いかにも湯河原らしい趣のある宿の佇まいを、燻し銀のように輝かせているのは、周りに植えられた木々ではないかと思う。

松、梅、竹、そして桜。日本古来の常緑と、季節の移ろいを映し出す花が、宿の周囲を飾る。そこに抑制のきいた美が潜《ひそ》む。むろん、館の中にも多くの美が潜んでいる。長い歴史の中で、この宿を愛した文人たちの足跡が残る。分けても、書に通じた名優が描き残した屏風が、この宿の有り様を色濃く映し出している。

小さくとも、きらりと光る宿。僕はこういう宿が好きだ。

26 葉山《はやま》ホテル音羽《おとわ》ノ森《もり》 ——都心から一番近いリゾートホテル

湘南葉山。あまりにも身近すぎて、その存在を忘れ去ってしまっていた。「知ってるつもり」の典型だ。何度も行っているようでいて、しかし存外その存在が遠ざかっていたことに気づく。

訪れてみて改めて、その美しい佇まいに感動を新たにした。御用邸があるのもむべなるかなである。

相模湾のなだらかなカーブに沿って、三浦半島の西岸を南下していくと、徐々に海の色が碧《あお》さを増していく。まさに紺碧《こんぺき》の海。大浜の海岸から長者ケ崎の眺めを、日本のコートダジュールと呼ぶ由縁である。海はあくまでも碧く、空は抜けるように青い。碧と青、それを背景にして、白くそびえ立つホテル、それが『葉山ホテル音羽ノ森』だ。

その名を知らぬ者はいまい。誰もが一度はこのホテルの前に立ち、ため息を吐いたに違いない。だが、客室テラスからの息を呑むような絶景を眺めた向きはさほど多くないだろう。

都心から一番近いリゾート、その秘めたる魅力はひとつやふたつではない。眺めはもちろんのこと、正統派のホテルならではの洗練されたサービスや料理も、アーバンリゾートらしい軽やかさ。

泊まったのはコーナースイート。部屋に入り、まずは広いバルコニーテラスから海を眺める。頬を撫《な》でる潮風が心地いい。ふと北に目を遣れば、富士山がくっきりと見える。碧い海を見下ろすかのように、頂に白い雪を抱いた富士の峰が気高くも美しい。

L字形のバルコニーからは、長者ヶ崎を真下にパノラミックに海が広がり、見飽きることがない。青い空が朱を帯び、やがて暮れなずんでいくまでずっと眺めていたいところだが、湘南の美味が待ち受けている。

少しばかりドレスアップしてディナーを楽しみたい。シャワーを浴び、着替えを済ませて〈レストラン潮幸〉へと急ぐ。

南仏プロヴァンスをイメージした料理は、三浦鎌倉野菜、長井港に揚がった相模湾の幸、葉山牛と、地の食材をふんだんに使った軽やかさ。

葉山ホテル音羽ノ森　テラスからの景色

部屋に戻ってテラスに出る。漆黒の海を見下ろしながらの食後酒は、葉山ならではの醍醐味だ。

わずかなカーテンの隙間から射し込む朝日で目覚めた朝は、海を間近に眺めながらバルコニーで朝食。この爽快さは筆舌に尽くしがたい。海を眺め、日本一の霊峰、富士山を見上げながら、朝の食事を摂れる。潮風を頬に受け、朝の日差しを受ける。焼きたてパンと、淹れたてコーヒーの芳《かぐわ》しい香りが漂う。これほど贅沢な朝餉は他ではきっと味わえない。この朝のためだけに泊まっても決して後悔しないホテル。

27 庭《にわ》のホテル 東京——部屋の外でもくつろげる、都会の庭

東京の定宿としているホテル。真っ先に決めたのが水道橋駅近くに建つ『庭のホテル 東京』。いくつかの条件に当てはまったせいでもあるが、何より、そのスタイリッシュなホテルの有り様が気に入ったからだ。

夜遅い時間に新幹線で東京駅に着く。JR中央線、総武線と乗り継いで十分足らず。水道橋駅で下車し、歩くこと三分ばかり。アクセスはよし。広い通りから裏道へと抜けた辺り。こぢんまりとしたエントランスからホテルに入ると、ホッとひと息吐ける。プチホテルの趣を湛えたフロントがなんとも好ましい。

二百室を超える部屋数を持つホテルとは思えない、静かな佇まいである。

十八平米のスタンダードルーム。窓には障子が入り、その窓際にデスクが置かれる。和のテイストがビジネスライクなホテルとの違いを際立たせる。

ベッドの幅は百四十センチで快眠。無線LAN完備で仕事の効率も問題なし。部屋の広さといい、過不足のない客室は定宿にするにふさわしい。

このホテルを気に入ったもうひとつの理由。それは朝食の素晴らしさである。どこ

のホテルにもあるようなブッフェ形式に見えて、ありきたりではない品揃えに、気持ちよく朝のスタートを切れる。

焼きたてのパンは、どれもが個性的で目移り必至だ。香りに誘われて、ついつい二個、三個。普段は敬遠する野菜もここでは輝いて見えるから不思議だ。そう、ディスプレイの妙もあるだろう。ビジネスホテルのお手軽朝食にありがちな乱雑な盛りつけではなく、デリカブティックとでも呼びたくなるような、美しい盛り方で誘っている。

加えて、卵料理はオーダーすると、その都度キッチンで作って持ってきてくれる。スクランブルでも目玉焼きでも、好みに合わせてくれるのもうれしい。

庭のホテル 東京　玄関

いっとき宿泊業界で流行語にもなった、ベッド&ブレックファスト。このふたつさえ満足させてくれれば、一夜の宿としては合格点がつけられるところだが、このホテルにはさらに、他のホテルも倣ってほしい設備がある。

ホテル三階にある、ワークアウトルームと、リフレッシュラウンジがそれだ。

前者にはトレッドミルやバイクなどのエクササイズマシンが置かれ、宿泊者は無料で利用できる。後者には緑を眺めながらリラックスできるマッサージチェアが備わり、これも無料で利用できる。

一泊するだけなら不要かもしれないが、僕のようにほとんどが連泊となると、客室以外に身の置き場があるというのは、実にありがたい。部屋で仕事に根を詰めて、気分転換を図ろうとしても、ホテルの外に出るしかない、となれば億劫になる。少しばかり身体を動かし、緑に目を休めるだけでも、うんとリフレッシュできる。宿泊客の心理をよく読んだ設備は他のホテルでもぜひ造ってほしい。

「庭のホテル」。言い得て妙である。東京での定宿としておすすめする。

第3章

甲信・東海の宿

28 湖山亭《こざんてい》うぶや（河口湖）——やっぱり究極は、富士山の絶景温泉

日本人なら誰もが、富士山に憧憬の念を持っている。東海道新幹線で富士山がくっきりとその姿を現すと、多くはデジカメを取り出し、あるいはスマートフォンをかざして、シャッターを切る。何をどうするわけではなくても、そうせざるを得ないものがある。分けても冬場。澄み切った青空に、白雪を抱いた富士の峰は神々しさすら湛える。思わず手を合わせる人も少なくない。ただ高さだけにあらず。富士は日本一の山なのである。

その富士山を眺めながら温泉に浸かりたい。日本人なら誰しも、いや、海外の人とて、きっと同じ思いだろう。富士山を望む絶景温泉。通常よく目にする富士山はしかし、表側というか、静岡側からの眺め。意外と目にする機会が少ないのが山梨側から

の富士山。

河口湖畔に建つ『湖山亭うぶや』。屋号にある湖はむろんのこと河口湖。山は当然ながら富士山。そして「うぶや」は産屋ヶ崎という地名に由来する。

産屋ヶ崎の産屋は、木花之佐久夜毘売《このはなのさくやびめ》（木花咲耶姫）がお産をした場所だと、宿の女将さんから聞いた。

湖山亭うぶや　富士山を望む客室露天

宿に入ってロビーラウンジを抜け、スーベニアショップの隣に小さな祠がある。これが〈うぶや神社　木花の社〉。宿の中に社があるのは極めて珍しい。ここまでの本格は日本唯一かもしれない。安産の神さまとされる、木花之佐久夜毘売を祀った社にまずは参拝してから部屋へ。

この宿の客室はすべてが湖側に窓が開けていて、つまりは、どの部屋からも湖越しの富士山が望める。最も小ぶりな十畳の和室タイプでも、広縁から富士山を拝むことができるのだが、さらなる贅沢を願うなら、露天風呂つきの部屋がいい。広い湯船に身を委ね、誰に気兼ねすることなく、存分に富士の峰と向かい合える。日本人の贅沢はここに極まれり。

むろん、大浴場からも雄大な富士の眺めは存分に得られる。高い天井までガラス張りになった窓越しであっても、野天と比べて何ら遜色のない眺め。よく手入れも行き届き、清潔感溢れる風呂には感心しきりだった。

この宿はしかし、ただ富士を眺めるだけではない。料理にもまた細やかな腐心が見て取れる。

飾りすぎず、奇をてらわず、正統派の会席ながら、宿の個性を垣間見せる。たとえば、追加料金が必要になるが、ぜひとも味わいたいのが〈甲州牛のすきやき〉。

食事処で供されるすきやき会席。甲州牛のA5ランクだけを使い、料理長自らが調理してくれた。味に変化をつけて、三通りのタレで味わい分ける。富士が日本一の山なら、このすきやきもまた日本一かもしれない。それほどに味わい深い料理だった。

『湖山亭うぶや』はいくつもの日本一を持つ宿。たまの贅沢には格好である。

29 緑《りょく》霞《か》山宿《さんしゅく》 藤井荘《ふじいそう》（山田《やまだ》温泉）

――山と川、木々の緑に彩られる美食の宿

緑に霞む山の宿。まさしくそのままの風景が目の前に広がっている。信州長野から奥山へ分け入る。市街地から田園、里山、山村を抜け、松川《まつかわ》渓谷に沿って進むと、信州高山温泉郷に辿り着く。その中のひとつが山田温泉。『緑霞山宿　藤井荘』は川の崖っぷちに建つ山田温泉切っての高品質旅館である。

出迎えを受け、宿に入って最初に案内されるのが〈山の茶屋〉と名づけられた展望ラウンジ。ここからの眺めを見ると誰もが必ず息を呑む。これを絶景といわずして、何を絶景と呼ぼうか。それほどにここからの眺望は素晴らしい。

玄関から続くラウンジは一階かと思いきや、川の斜面に沿って建てられているから、ここは上階になる。はるか眼下を見下ろすと、松川の緩やかな流れが白く清かに映り、眼前の山を見上げると、圧倒的な木々の緑が迫ってくる。それを遮るものは山の空気以外何もない。しばし呆然と佇むのが多くの旅人の姿である。

藤井荘　月見の縁台

むろん『緑霞山宿　藤井荘』は、ただ眺めがいいだけの宿ではない。昔ながらの折り目正しい接客と、良質の温泉、そして美食の宿としても評価の高い宿なのである。

傾斜地に建っているので、居場所を把握しにくいのだが、離れになった〈鳳山亭《ほうざんてい》〉が今宵の客室である。月見の縁台だろうか、部屋の外には緋毛《ひもう》氈《せん》が敷かれ、円座が置かれたテラスがある。ここからの緑もまた美しく、それは〈五万石《ごまんごく》風呂〉と名づけられた大浴場の露天風呂からも同じ。深山幽谷《しんざんゆうこく》の趣は、湯をまとうとより一層深まる。「仁者は山を楽しむ」。孔子の言葉通り、動かざる堂々たる山々を見ていると、知らず思索を巡らせている。深い緑の中で身も心も洗い清めた後は別室に設えられた食事処へ。

個室仕立てになった〈東兵衛《とうべえ》茶屋〉での食事は山の宿らしく素朴な味わいながらも、切れ味のいいシャープな料理が愉しめる。夏の鮎をはじめ、川魚をアレンジし、山菜やキノコなど、山の幸と組み合わせて野山の情景を皿に描く。あるいは信州牛をダイナミックに調理する。山里らしい夕餉は名物〈ぽんぽん鍋〉で、より一層の愉しみを迎える。

名物〈ぽんぽん鍋〉とはいってみればお座敷串揚げ、和製オイルフォンデュだ。古くは狸《たぬき》の肉を揚げたから〈ぽんぽん鍋〉と名づけられたという話もあるが、今は油の爆《は》ぜる音からの連想だという。いずれにしても愉しい趣向である。信州産の地酒、最近その質をどんどん向上させている信州地ワイン、どちらにも合う。

夜更けの山は深々と静まり、月明かりだけがゆっくりと動いている。山の宿には、かすかに川音だけが聞こえ、時折り、湯浴みの音が重なる。冬なら雪見、夏なら月見。向こうの山から縁台に吹き渡ってくる風が頬を撫でる。障子を下ろし、布団に入る。山と同じ、深い眠りが待っている。

30 野尻湖《のじりこ》ホテル エルボスコ ——静謐なリゾート、野尻湖に遊ぶ

野尻湖という地名には独特の響きがある。日本各地には数多の湖があるのだが、野

尻湖は別格というか、ある種、サンクチュアリの趣がある。それは何もナウマン象の化石が発掘されたからというような意味ではなく、「クラス」、今風の言葉でいうなら「セレブ」の避暑地というイメージを持っていたからである。

野尻湖は長野と新潟の県境にある。ゆえに信州の剛健さと、越後のしなやかさを兼ね備えた空気を湛えている。ほとんどの湖岸を深い森に覆われ、しかし湖面はあくまで澄み渡っている。神秘というほどの霊性はなく、静謐《せいひつ》という言葉がよく似合う。そんな森に囲まれて、野尻湖はいつも穏やかな湖面を、静かに緩やかに波打たせている。

目指す『野尻湖ホテル　エルボスコ』はその姿を容易には見せない。案内板に従って車を進め、すぐそこにあるはずなのに、それらしき建物はまったく見えない。アプローチを辿って駐車場を越え、まさに目の前にホテルが迫り、そこでようやく気づくといった按配だ。

リゾートホテルを訪れて心安らぐのは、この瞬間だ。都会の真ん中でなんとかして目立とうとする高層ホテルと違い、如何にして自然と一体になるか、そこに重きを置いて設計された建築は限りなく美しい。宿はすでに自然の一部と化しているようだ。

玄関先に立って見上げると、樹々の合間に、至極なだらかな傾斜の屋根が見え隠れする。ただそれだけの設えですら「美」を体現している。

エントランスからロビーラウンジに入るとさらにその思いは高まる。太い柱を中心にして、シンメトリーに広がる空間は、野尻湖の緑を切り取って額縁に入れてしまう。

高い天井はどこも緩やかに傾斜し、客室へと辿る廊下は、優しいカーブを描き、行き先に期待を持たせる。その途上、イレギュラーに配された椅子は、しっかりとした存在感を持つ。まるでそれすらも建築の一部のように、だ。

エルボスコ　ロビーラウンジ

ランダムとアトランダムのバランスが旅人の心を和らげる。建築家清家《せいけ》清《きよし》、渾身《こんしん》の作である。
客室に入ってもその建築の美しさは続く。高い天井は窓に向かって傾斜し、自然と人の目が窓に向く。伸びやかな空間に置かれたアームチェアが揺らめいている。
静謐な空気を湛えるライブラリーから一冊の本を持ち出し、裏庭に出る。豊かに繁る木々の隙間から差し込む木漏れ日が美しい。僕が訪ねた初夏には、足元にスズランの白い花が咲き乱れていた。四季折々、さまざまな草花が咲き競うことだろう間に置かれた椅子に腰掛けて、本を開く。湖面から吹き渡る風が頬を撫で、ページをめくる。自然の中に佇む宿ならではの、爽やかな時間だ。

待ちわびた夕食はレストランで摂る。空間の美しさに負けないよう、少しドレスアップして出向く。

窓の外の緑はライトアップされ、野尻湖の水面はすっかり闇に包まれている。信州サーモンをはじめ、地の食材を使ったディナーは、建築に勝るとも劣らない美しさ。「美」を湛えたリゾートホテルの夜はゆっくりと更けていく。

夜更けの静けさから一転、朝になると野鳥たちがさえずり、森を抜けていく風がざわざわと騒ぎ始め、新たな一日の始まりを告げてくれる。朝陽はさんさんと降り注ぐのではなく、木々の隙間から遠慮がちにその顔を覗《のぞ》かせる。どこからともなくコーヒーの香りが漂ってくる。これほどに爽やかな目覚めを呼び起こしてくれる宿を、名宿と呼ばないわけがない。

※2019年夏より大規模リノベーションのため休業中。2022年秋に再開予定。

31 高峰《たかみね》温泉 ――雲の上の露天風呂

憧れを持って語られる宿のひとつ高峰温泉は、今を遡《さかのぼ》ること百年ほど前に発見された湯の流れを引き継いでいる。ここまでの高山になると、さすがの行基上人といえども、辿り着くのは難しい。湯を見つけたのは地元の農民だったと伝わる。

爾来、さまざまな変遷を遂げて後、昭和五十八年に現在の場所で、今の形となった。標高二千メートルという高地に忽然《こつぜん》と現れる宿。雲を見下ろす湯。非日常の極みである。

冬期は一面銀世界となり、雪上車でのアクセスになるという『高峰温泉』。僕が訪ねたのは六月の初めだったが、それでも肌寒さを感じたのだから、冬場の厳しさは想像を絶する。

湯はここより三百メートル下で湧くといい、それをポンプアップして風呂に引いている。宿の中の風呂は二階と一階にあって、男性用はそれぞれ〈高峰の湯〉〈ランプの湯〉と名づけられている。しかしこの宿の風呂、最大の魅力は屋外にある〈雲上の野天風呂〉である。

宿の館から少しばかり山道を歩き、生い茂る木々の合間に忽然とその姿を現す木組みの風呂を見れば、誰もがそのスケール感に圧倒される。

山深い里の険しい坂道を登り、谷間にひっそり佇む、いわゆる秘湯と呼ばれる湯にも幾度となく入ってきた。だがここは、夏場なら車で宿まで来ることができ、そこから、ほんの少し歩くだけで、この眺めと開放感を得られるのである。

高峰温泉　雲上の野天風呂

しかも湯船は、ちゃんと男女別に据えられていて、脱衣スペース共々、木々の目隠しも万全。何ものにも邪魔されることなく大自然に湧く湯を満喫できる。これはしかし、宿泊客のみに許された贅沢なのである。

湯船の周りは緑。遠くに目を遣れば峰々が連なる。それ以外は何も目に入ってこない。時折り野鳥のさえずりが空高く響き、後はしんと静まり返っている。湯を掬い肩に掛ける。そんな微かな音までもが山に谺《こだま》する。露天ではなく、野天と名づけられた意がよくわかる。

元来が山歩きの旅人たちに向けて造られた宿だから、温泉街の宿のようなフル装備になっているわけではなく、二十三室とも至極シンプルな客室。余計な設備は一切ない。しかし夜ともなればホールにはランプが灯り、幻想的な空気に包まれる。極みの山宿だ。

32 上高地《かみこうち》帝国ホテル ——山岳リゾートの極めつきブランド

宿に泊まることが生業のひとつとなって久しい。年間二百泊を超えることが常となった今でも、泊まった数でいえば、この宿を超えることはきっとないだろう。それが『上高地帝国ホテル』。何しろ物心つく前から毎夏通い詰めていたのだから。

先達は祖父だった。「飲む、打つ、買う」、そのいずれにも縁がなかった祖父はただひたすらに、リゾートホテルだけを娯楽としていた。それも名ばかりではなく、本物でなければならなかった。その眼鏡に適った第一は『上高地帝国ホテル』。おおむね、お盆過ぎの八月半ば。大半の観光客が去り、上高地が普段の静けさを取り戻しかけた頃から二週間というのが毎夏の習慣だった。今から思えば、これほどの贅沢はないのだが、何も知らない小学生にこの旅は、時として「退屈」という苦痛を伴った。

今から五十年も前のこのホテルには一箇所のレストラン、ひと坪ほどの小さな売店、暖炉を囲むロビーラウンジ以外の施設はなかった。昼間は明神池《みょうじんいけ》や河童橋《かっぱばし》まで足を延ばすが、それ以外はずっとホテルに籠もり、朝晩ほとんど同じメニューの食事を摂り、部屋のベランダから三本槍を眺める。そんな毎日に子供は辟易したのだが、祖父は心底この時間を愉しんでいた。

この歳になって、ようやくその心根に共感を覚えるようになった。だが悔しいことに今は、時間もふところ具合も、そんな余裕はない。叶うなら時計を戻して、じっくりと『上高地帝国ホテル』の時間を味わい直したい。心からそう思うのだ。

今では客室でネットが繋がると聞いて驚いた。レストランも和洋のダイニング、カジュアルレストランと三箇所の食事処からセレクトできるようになった。だがそれ以外はほとんど何も変わっていない。マントルピースを真ん中に据《す》えた吹き抜けのロビーラウンジ〈グリンデルワルト〉もかつての姿をそのままに留めている。

夕食を終えると部屋に戻る。そしてしばらくすると居住《いず》まいを正して、ロビーラウンジへ出向く。それを待っていたかのようなホテルマンと談笑し、やがて顔馴染みのゲストも話の輪に加わる。いつもそんなふうだった。

上高地帝国ホテル

慇懃すぎず、しかし節度あるホスピタリティを持つホテルマンがいて、ゲストをもてなす。そこは集いの場となり、ゲストもまたホテルにさまざまなテイストを加えていく。こうして伝説のホテルが作られてきた。日本で一番正しいリゾートホテルである。

山岳リゾートホテルといって、『上高地帝国ホテル』を超えるものはない。その優れたるひとつは立地。上高地は、北アルプスを極めんとする登山者たちにとってのサンクチュアリであると同時に、山の空気を存分に味わいたいと願う、リゾートファン垂涎《すいぜん》の地でもある。

その両者のバランスを絶妙に保つところに、上高地という地の価値があるのだが、それを一層高めているのが「帝国ホテル」というブランドであり、プライドなのである。

僕がこのホテルに初めて足を踏み入れたのは、今から五十年以上も前のことである。祖父のお供をして、夏の終わりに二週間ほど滞在する習慣は、二十年ほども続いた。木造から鉄筋建築へと、この間に劇的な変化を遂げたが、赤い三角屋根、自然石の石積みなど、外観としては何ら変わっていないように見える。

このホテルに泊まったなら、まず見るべきは、細部にまで神経の行き届いた自然への配慮である。寒冷地ならではのデメリットを克服しながら、宿泊者の快適性を維持し、さらには美しい佇まいを見せるという、離れ業を演じる宿。ここではカリスマ建築家ではなく、いわば職人技を結集した、チームワークの建築美にこそ、目を向けたい。北アルプスに溶け込むホテルは神々しくさえある。

33 村のホテル住吉屋《すみよしや》（野沢《のざわ》温泉）——大鉢の夕食で笑顔になれる

信州野沢温泉といえば、真っ先に浮かぶのがスキー場だろう。あるいは野沢菜かもしれない。温泉好きならきっと、もうもうと湯気を上げる外湯を思い浮かべることだろう。

人それぞれ、さまざまにイメージを抱く野沢温泉だが、僕にはただひとつ、心に深く刻まれた宿の情景が浮かぶ。ここにはかつて「永楽屋」という類まれな名宿があったのだ。

死んだ子の年を数える、と同じく、今はなき宿をあれこれ書いたとしても懐古にすぎないだろうから、多くは記さない。だがその「永楽屋」イズムとも呼ぶべき宿の心得を、正しく今に体現している宿のことは書かねばならない。それが『村のホテル住吉屋』である。

その宿は湯けむり上がる「麻釜《おがま》の噴湯《ふんとう》」のすぐそばにある。昔ながらの佇まいで建つ宿は創業からゆうに百年を超えて数える。少しく変わった屋号である。「村」と「ホ

住吉屋の取り回し鉢

テル」。この文字の裏に宿の思いが秘められている。

野沢温泉に来ると、どことはなしに他の温泉地と異なる空気が流れていることに気づく。それは多くが「人」によって醸し出される。観光という顔ではなく、暮らす顔がそこかしこで見受けられる。それが野沢温泉の何よりの特色である。「村」はきっと、この野沢で暮らす人々の温もりを象徴しているのだろう。

もうひとつの「ホテル」。これはおそらく、日本旅館につきものの、ある種の煩わしさを排したいという、先代の思いからその名がついたのだろうと思う。国の内外を問わず、訪れたゲストが皆、気持ちよく過ごせるようにとの願いだったに違いない。

かくして『村のホテル住吉屋』となり、宿百年の歴史に新たなページを開くこととなる。

遠来の客にとっても、地元野沢の人々にとっても、極めて居心地のいい宿として、村のホテルは機能している。

素朴な館内の設えや、ひと部屋ごとに間取りや眺めの異なる客室、何より「奥信濃のもてなし」と称して供される料理は、個性豊かで、野沢らしさをふんだんにちりばめていて愉しい。とりわけ人気を呼んでいるのが〈村のおかず〉。

いもなます、塩煮いも、きくらげの山家煮、芋がらの田植煮、コゴミやゼンマイなど、旬の山菜や保存食を使ったおかずは、古くから冠婚葬祭のときに持ち寄られた「取り回し鉢」と呼ばれる郷土料理。宴席で皆が大鉢に盛ったおかずを、順番に回し分かち合う作法に発している。

迎える宿と、迎えられる客が一体となって生み出す空気は『村のホテル住吉屋』ならでは。先代主人が遺した「ホテル」を今は家族総出で守り育てている。いつまでも変わらずにいてほしい宿である。

34 万平《まんぺい》ホテル ―― 世界のVIPに愛されたリゾートホテル

軽井沢『万平ホテル』。この宿に憧れを持たぬ者などいないのではないか。国内外のVIPも多く訪れ、今風にいうならセレブホテル。

かつてはしかし、ここのように格式あるホテルは客を選んだだろうと思う。貧富とかの基準ではなく、そのホテルにふさわしい客かどうかを選別していたはずだ。

とかナントカ書きながら、僕がこのホテルに初めて泊まったのは、小学四年生のときであった、と続けると顰蹙《ひんしゅく》を買うのは必至だろうと思うが、事実なのだから仕方ない。自慢話へと続けたいところだが、実はあまりよく覚えていない。小ウルさいというより、頑迷《がんめい》な祖父に連れていかれたのだから、ホテルを愉しむどころではない。あれをしてはイケない、こういうときはこうしなさい、などと注意書きだらけだったと記憶するが、中でも強烈な印象として今も忘れないのは、レストランで食事をしていたときに隣り合った客のことである。

背広を着て、きちんとネクタイを締めて、子供心にもさぞや立派な紳士だろうと思った。だがその紳士の顔には大きな赤い痣《あざ》があり、それが気になって仕方がなかった。

横目で何度も見る。そのたびに祖父から注意を受けるのだが、またしても見てしまう。右手のナイフがじっと止まったままだったのを、祖父がピシャリと叩き、ナイフが床に落ちた。大人になった今なら、こういうときはスタッフが拾ってくれるのを待つと知るのだが、そんな知識のない少年は慌ててそれを拾おうとした。

万平ホテル

「そのままでいいんだよ。お店の人が新しいのを持ってきてくれるから」

隣席の紳士が僕にそう言ってくれた。

「孫がお騒がせしてすみません」

祖父が立ち上がって紳士に一礼した。

「おじいちゃん。子供というものはね、何にでも興味を持つものです。小さい子供なら誰だって隣に、こんな赤痣の男がいたら気になります。好奇心旺盛でよろしい。な、ぼっちゃん」

そう言って頭を撫でてくれたが、僕は叩かれるのじゃないかと、最後までハラハラしどおしだった。

そして続けて、その赤痣《あざ》は空襲によって火傷を負ったこと、九死に一生を得たのだという話などを丁寧にしてくださった。だから僕は『万平ホテル』と聞くと、決まってこの紳士のことを思い出す。

その紳士が、当時の皇太子殿下、今の天皇陛下の師父だったことを知り、一層感慨を深くしたのだった。

長々と思い出話を綴ったが、ジョン・レノンが好んだ紅茶や滞在した〈アルプス館〉のことなど、このホテルのあれこれは多くが先刻承知だろうから、蛇足は避けることにする。僕が好んで泊まるのは〈ウスイ館〉の書斎タイプだということだけつけ加えておく。

35 旅館すぎもと（美《うつくし》ヶ《が》原《はら》温泉）——主人の個性が宿を作る

いくつかの例外を除き、なぜ大きな宿を好まないかというと、「顔」が見えないからである。家業ではなく企業として宿をやっているところは、宿の「顔」が見えない。

旅を企んでいて、さてどの宿に泊まろうかと思案するとき、必ず浮かぶのが宿の「顔」だ。主人でも女将でも、料理長でも誰でもいいのだが、その宿の名と一緒に浮かぶ「顔」がある宿が好きだ。たとえばこの『旅館すぎもと』のように。

信州美ヶ原温泉は、長野県の玄関口である松本の駅から車で二十分ほどの便利な場所にある。大小取り混ぜて十軒ほどの宿がある中で、美食三昧で知られるのが『旅館すぎもと』。

この宿の「顔」は主人の花岡さん。通称「花ちゃん」である。

すぎもと「花ちゃん」の蕎麦

客を出迎え、蕎麦を打ち、料理を作る。時にはロビーラウンジでお茶やコーヒーを淹れ、ワインやオーディオ談義に花を咲かせる。まさに八面六臂《はちめんろっぴ》の大活躍。『旅館すぎもと』を訪ねるということは、すなわち「花ちゃん」に会いに行くことなのである。

基本的には民芸風の造りなのだが、部屋によってはアールデコっぽいインテリアだったり、猫足のバスタブが置いてあったりする。これも、いろんな雰囲気を楽しんでほしいという「花ちゃん」の願いからできたもの。

部屋でひと息吐いたら、ぜひ見ておきたいものがある。それが「花ちゃん」の蕎麦打ち。玄関横の厨房で毎夕五時頃から「花ちゃん」は蕎麦を打ち、それを宿泊客は見学できるのだ。単なる蕎麦粉が、固まり、蕎麦切りになっていくまでのプロセスを間近に見られるのはうれしい。

普段は温和な「花ちゃん」も、このときばかりは真剣な表情で、額に玉の汗を浮かべながら蕎麦と格闘する。枚数に限りがあるので先着順ではあるが、夕食のメにこの蕎麦を手繰ることができる。

そしてその夕食もまた、「花ちゃん」の個性が滲み出た独特の献立だ。別棟に設えられた食事処へは地下通路から辿る。このアプローチもまたスリリングな妖しい空気を湛え、異空間へと誘ってくれる。

宴が始まるやいなや、こよなく酒を愛する「花ちゃん」ならではの、酒飲みのための料理が怒濤のように押し寄せてくる。

地元信州の山菜を何種類も盛り合わせた〈信州三昧〉、馬肉を刺身にして海苔で巻く〈馬刺しのタルタル〉、岩魚《いわな》の造りを味噌で和えた〈岩魚のなめろう〉など、名物料理が数多くあり、酒徒には垂涎の料理が続く。「花ちゃん」セレクトのワインや日本酒を合いの手に、お腹を擦《さす》りながら、なんとか蕎麦まで辿り着きたいもの。

古く奈良時代から湧き出る名湯〈東間の湯〉。その源泉がこの宿の中庭から湧出している。ここに新たに露天風呂ができた。石を集めた小石風呂は寝湯になっていて、空を眺めながら湯に身を任せるという按配。〈さざれ石の湯〉と名づけられた露天風呂は『旅館すぎもと』の新たな名物となっている。

寝転んで湯をまとうのは、食後の腹ごなしに最適だ。湯浴みの後は〈バーひびき〉へ、ふらりと立ち寄り、シングルモルトの香りに酔う。時にはピザが登場したりもする。「花ちゃん宿」の夜はまだまだ終わらない。

36 御宿《おんやど》まるや（下諏訪《しもすわ》温泉）——日本一の朝食は、日本一の伝統を持つ

中山道最大の宿場町、下諏訪はまた甲州街道にも通じ、古く江戸時代から明治頃まで、交通の要衝として栄えてきた町である。その道筋に建つ宿『御宿まるや』は元禄

年間の創業という歴史を誇り、かつ代々、脇本陣《わきほんじん》を務めてきた格式ある宿である。

脇本陣というのは、大名のお供が多く、本陣のみでは足りないときに供される施設をいう。つまり客人は武士であるから、警護には万全を期さねばならない。

この宿の客室、道路側に畳敷きの広縁（入側）があるのは、槍が届かないようにとの配慮からできた造りである。その意を解さなければ、この宿に泊まる価値は半減してしまう。

旧著をはじめ、この宿のことはいくつかの媒体でご紹介してきた。その都度、後追いするかのように、週刊誌やテレビ番組が、なぞって取り上げる。だが哀しいことに本質を理解していないから、浅薄な紹介に終わってしまうのは残念至極である。

先に挙げた広縁とて《無駄に広い縁側があって……》などと書く始末。あるいは朝食の素晴らしさを称えても、吟味された器や二段構えの膳で供されることの意を伝えてはくれない。すべて本質を見ることなく、先に書かれたる形だけをなぞった記事や番組では、真の魅力は伝わらない。特にこの宿のように、幾重にも込められた思いがあると、一層それが顕著となる。

美は細部に宿る。『御宿まるや』はその典型のような宿。たとえば外観を見ても、諏訪の宿場ならではの、美しい竪繁《たてしげ》格子や出《だ》し梁《ばり》の細工装飾。中に入っては漆喰《しっくい》の白壁と太い梁の見事なコントラスト。さらには食事の際に惜しげもなく使われる、古伊《こい》万里《まり》染付の器と漆器。数え上げれば切りがないほどに、この宿には見所がある。

御宿まるや　客室

むろんハードだけではない。わずか五部屋だけの宿だが、満室になると行き届かないからと、三組ほどで満室打ち止めにすることもままある、という気遣い。貸切状態で浸かれる源泉の湯。信州らしさを湛えた食材と、それを素朴に調理する朝夕の膳。どれを取っても、心から満たしてくれるが、限りある紙幅ではすべてを語り尽くせないのが惜しまれる宿。ひとつだけ。この宿でしか味わえない朝食だけは紹介しよう。

夕餉もむろん素晴らしいものだが、脇本陣の流れを汲む宿ならではの朝食が傑出している。

本陣で一夜を過ごし、いざ出立となる武士にとって朝餉ほど大事なものはない。宿の余韻を残し、一日の活力源となる朝食は、ふたつの朱塗り膳に分けて出される。公魚《わかさぎ》や地蜂《じばち》の甘露煮といった珍味、鯉をはじめとする川魚の焼き魚、山菜の和え物などが一の膳として出された後、二の膳には、野菜の炊合せなどを従えて、なんと信州牛のステーキが供されるのである。漬物は女将さん自ら漬けたもの、白ご飯も飯炊き名人が、釜で炊き上げたばかりという念の入れよう。僕はこれを宿における、日本一の朝食だと断じるが、それはただ、朝からステーキが出る豪華さだけに目を奪われていたのでは、まったくもってつまらない。脇本陣の流れを汲む宿だからこそ似合う朝食だということが肝要なのである。

とまれ、宿場町の風情を残し、伝統を守る宿の魅力にぜひ一度触れていただきたい。きっと日本の美しさに、改めて気づいていただけるはずである。

37 中棚荘《なかだなそう》(信州小諸《こもろ》)——島崎藤村ゆかりの甘いりんご風呂

——小諸なる古城《こじょう》のほとり　雲白く遊子《ゆうし》悲しむ——

島崎藤村の詩は多くが口ずさめるほどに親しまれている。まさにその、小諸市古城に、中棚という地があり、『中棚荘』という一軒宿がある。

この宿を何度目かに訪ねたとき、主人から聞いたエピソードが強烈な印象として残っている。それは……

中棚荘　りんご風呂

ある日のこと。小諸城《じょう》址《し》から千曲川《ちくまがわ》辺りを散策していた、女子大生と思《おぼ》しきグループがこの宿の前を通り掛かった。たまさかそのとき掃除をしていた主人に、グループのひとりが「このフジムラユカリさんって、どんな人ですか?」、宿の看板を指して不思議そうな顔で尋ねたという。

と、この話はこれで終わり。おわかりになっただろうか。そう。ここは文豪ゆかりの宿なのである。看板に書かれていたのは「藤村ゆかりの宿」、島崎藤村ゆかりの宿をフジムラユカリと読み違えたという笑い話。だが、笑えない話だと宿の主人は続けた。それほどに島崎藤村は縁遠い存在になったのだろうかと。

それはさておき文豪ゆかりの宿には、藤村にちなんだ風呂があったり、藤村ライブラリーがあったりと、さまざまな趣向をも愉しめるのだが、当然ながらそれだけをもってして名宿に選んだのではない。正しく日本旅館の文化を伝えつつ、新たな試みをも加える宿ゆえのこと。

客室にもその新旧両面が見て取れる。昔ながらの〈大正館〉と今風の設えをした〈平成館〉。好みに応じて選び分けることができる。初めて訪れても、どこか懐かしい〈大正館〉もいいが、ベッドルームの備わった〈平成館〉一階の和洋室がおすすめ。初恋・新生《しんせい》・草笛・雲・千曲・古城と、すべて藤村にちなんだ部屋の名がつけられているのも愉しい。

部屋の内風呂にも温泉が引いてあるが、せっかくなので大浴場へ。雑木林の中に設えられた露天風呂は源泉掛け流し。もうひとつの内風呂には〈初恋りんご風呂〉という、還暦男にはいささか不似合いながら、藤村ゆかりの名がつけられている（内湯が初恋りんご風呂になるのは十月～五月までの期間限定）。

湯船いっぱいに林檎が浮かび、湯からは甘い香りが漂ってくる。湯に浸かり、林檎をひとつ取って、手のひらに載せてみたりする。

――まだあげ初《そ》めし前髪の　林檎のもとに見えしとき　前にさしたる花櫛の　花ある君と思ひけり――

『若菜集』に収められた「初恋」という藤村の詩を浮かべてこその風呂。これがホテルにはない、日本旅館だけの愉しみなのである。

日本文学、能狂言、歌舞伎、茶道、華道などなど。日本の伝統芸能、文化を知っていれば、より深く愉しめるのが日本旅館という存在。温泉宿に泊まって、日本という国を改めて考えてみる。そんな宿があるからこそ日本旅館は愉しいのである。

38 三水館《さんすいかん》（鹿教湯《かけゆ》）――草鍋を味わう宿は、力強い土の香り

平成十三年の秋に開いた宿だから、もう十七年を数えることになる。まさに十年ひと昔。日本旅館に新たな風を起こした宿がしっかりと根づいた徴を確かめるのは、何よりの喜びである。

鹿が教えた湯。鹿教湯温泉は古くから湯治場として知られ、二十軒を超える宿が軒を並べ、にぎわいの絶えない温泉地である。
その中にあって、群れることを拒み、鹿教湯の集落から少しく離れた場所に宿を移し、新たな建屋を築いたのが『三水館』。したがって、鹿教湯温泉旅館組合のホームページで地図を辿っても、この宿の名は見当たらない。元は温泉街の中心地にあったのを、わざわざ外に出る。それだけでもこの宿の並々ならぬ決意が見て取れるというもの。

宿の入口に立って、あまりにも控えめすぎて、いくらか戸惑う客も多いだろうと思う。歓迎されていないのではないかと。

だが本来の日本旅館というものは、すべてに控えめを旨とする理を持っていて、畳に頭を擦りつけて客を迎える姿の方が異質なのである。『三水館』にあっては、すべてにおいてこの「さりげなさ」が身上。あるがままの自然の姿同様、もてなし方も自然体を貫くからこそ、居心地のよさを感じ取れる。

部屋数は全部で七つ。ひとり泊まりならコンパクトな和室。ふたりなら山のホテル風に設えられた洋室〈山入《やまいり》〉がおすすめ。ちなみにこの〈山入〉は、かつて鹿教湯で使われていた字《あざ》の名。
鹿教湯温泉の湯は鹿が教えるくらいだから、その効能は推して知るべし。この宿に設えられた風呂は男女別にそれぞれ、内風呂と露天風呂。どれもが小ぢんまりした造りだが、部屋数は七つしかないから、たとえ満室になっても混み合うことはない。のんびりと湯を愉しめる。山里らしく野原をイメージして造られた露天風呂が山風を受けて心地いい。角と丸のふたつの形があるが、丸形の方には真ん中に柱が立ち、そこから湯が湧き出している。凍えるような冬の夜は、この柱を抱きしめて入ると身体が芯から温まると、主人に教わった。

三水館　草鍋のある食事

『三水館』が最もその魅力を発揮するのは、野山の恵みをあるがままに調理した朝夕の食事である。川魚や肉も出されるが、ベースとなるのは近くの野山で摘む山菜や野菜。

とりわけ、初夏にだけ供される〈草鍋〉の旨さは、この宿でしか味わえない独特のもの。どんな野菜嫌いだったとしても必ず平らげてしまう、と書けば、その味わいが伝わるだろうと思う。

力強い土の香りがする宿。群れることをよしとしない主人の力強さにも通底する。比類なき宿で一夜を過ごすこと。それもまた旅の大きな愉しみである。

39 槍見《やりみ》の湯 槍見舘(奥飛騨温泉)

――内湯なのに、絵に描いたような絶景風呂!

BSフジで放送されていた『絶景温泉』という番組を当初からお手伝いしていた。番組開始当初はナビゲーターという役割だった。テレビ番組といえば、これまでは企画や監修をするだけだったが、この番組ではちゃんと出演して、風呂にも入り、旨いものも食べる。したがって当然ながら毎回ロケに出向いていた。書く方が多忙になり、出演はしばらく休ませてもらっているが、番組開始当初はかなりのペースでロケに出向いたものだった。

タイトルにある通り、絶景プラス温泉のある宿を訪ねるというコンセプト。これまでの宿泊経験をベースにして、絶景温泉の宿をセレクトするのだが、これが中々の難題なのである。元来が僕は、それほど絶景を重視していなかった。花より団子派。食や湯、部屋などを基準にして宿を選んで泊まってきたので、どの程度を人が絶景と認めるのかが不明だった。選んだ宿を番組スタッフがロケハンすると、大半がNGとされた。その理由は絶景シーンに余計なものが映り込む、というものだった。

たとえば渓流沿いの絶景温泉宿。川に張り出すような露天風呂。僕からすれば充分絶景なのだが、危険防止の柵がどうしても映ってしまうという。人間の目というのはおもしろいもので、旅人としてこの風呂に入っているときは、柵など目に入らず、記憶の中では完全に障害物なし、の絶景露天風呂になっていた。

番組監修という目で改めて見直し、現場へ足を運んでみて、これぞまさに絶景温泉と思ったのがこの『槍

槍見舘　露天風呂も絶景

見舘』の内風呂だった。先に書いたように、厳しい条件をクリアする絶景温泉はたいていが露天風呂になる。内風呂だと障害物が多すぎるのだ。ところがこの宿の内風呂は、スタッフ全員が納得する絶景温泉だった。

それは、内風呂の窓枠を額縁に見立てたからだった。

大浴場〈槍見の湯〉は二方向がガラス窓になっていて、それを開け放てば、山々をパノラミックに見渡す絶景となる。だがカメラを通すと、角の柱が気になる。これを普段、何気なく風呂に入る旅人は、その柱をなかったことにできる。この辺りが機械とは違う、人間の目と感覚、脳の素晴らしさだろう。頭の中で角の柱を消して、絶景の広がりだけを感じられるのだ。

と、ふと湯船の真正面に槍ヶ岳が見えることに気づき、正面の窓だけに意識を集中してみた。そして窓枠を額縁に見立ててみると、まさに一幅の絵が現れた。

番組制作を通して、多くの絶景温泉を見てきたが、この宿の〈槍見の湯〉は白眉《はくび》といっていい。源泉の湯に浸かり、絶景に目を遊ばせる。これだけでも充分この宿を訪ねる価値がある。だが、さらなる眼福は他にもまだある。

その第一はロビーに設えられた囲炉裏《いろり》の間。

築二百年を数える庄屋屋敷を移築したというだけあって、その豪壮な造りは圧巻。ここまで本格的な囲炉裏を置く宿は少ない。高い天井には白壁と太い柱。長く下がる自在《じざい》も一級品。湯上がりにここで火にあたれば、もう何もいうことはない、のだが、客室もまたいい。

十五の客室は多くが民芸調。それも、あまり手を加えていないので無垢な和を味わえる。

僕のおすすめは二百十一号室。主室は、天井に太い梁が何本も絡《から》み合う、完全な古民家仕様。どっしりとした座敷机、障子、長火鉢、古格のある部屋。

炉端に設えた食事処もある。飛騨牛、岩魚、朴葉《ほおば》味噌といった、いかにも飛騨の郷らしい料理が次々と出てくる。風呂、部屋、食事、すべてに統一が取れた安らぎの宿である。

40 八《や》ツ三館《さんかん》——大の鮎好きが惚れた宿

飛騨古川という街の佇まいが好きだ。

同じ飛騨地方でも、飛騨高山ほどのにぎわいはなく、そこに暮らす人たちと旅人とのバランスがちょうどいいのだ。

大きすぎない街の広さも、ちょうどいい按配だ。が、たいていは通りすぎてしまうだけになり、いつかこの街に腰を落ち着けてそぞろ歩きを愉しみたいと思っていた。それも、できれば鮎の頃がいいとも。

以前、信州から飛騨へと旅していて、飛騨古川の街中を流れる宮川の流れを見て、間違いなく旨い鮎がいるに違いないと思った。

そしてそこでは、〝やな〟が仕掛けられているそうだ。

鮎はたいていが友釣りという手法で釣られる。餌の代わりに鮎を釣り針につけ、ポイントと思しき流れに泳がせる。縄張り意識の強い鮎は、自分のテリトリーを脅かす不埒な鮎、とばかりに追い払おうとし、体当たりしてきたところを釣り上げるということらしい。

好奇心だけでなく、旨い鮎を自分の手で釣ってみたいと思い、幾度か挑戦するも釣果は得られない。だが、このときの経験から、旨い鮎が棲んでいそうな川を見分けることができるようになった。通りすぎて、「あ、この川には旨い鮎がいるぞ」。突然そう叫んで、同行者を驚かせることもある。そのひとつが宮川だ。

大ぶりの鮎にかぶりつこう

そしてその宮川が流れる飛騨古川には、百数十年の歴史を数える老舗宿があり、鮎料理を得意としていると聞いて、鮎好きの僕が見逃すはずがない。

『八ツ三館』。ちょっと風変わりな宿の名は、越中八尾《えっちゅうやつお》から飛騨の地に移り住んだ創業者の名を由来としている。

川沿いに建つ古式ゆかしい玄関をくぐった。

そういえば、街の中を清らかな水が流れ、さらさらと水音を立てているところなど、八尾と古川はよく似た街並みを作っている。

そんな思いを馳せながら、最初に通された応接室に漂う空気は、鹿鳴館《ろくめいかん》のような風情。昭和十年の建築だといい、往時の贅を感じさせる。

二十一ある客室は、すべて趣が異なる。明治三十八年に再建され、国登録有形文化財にも指定されている〈招月楼〉から、昭和初期の数寄屋を改築し、モダンなデザインに生まれ変わった半露天つきの〈光月楼《こうげつろう》 池月〉まで、よく手入れの行き届いた部屋が揃う。

意外だったのは温泉があること。奥飛騨ならわかるが、街なかなのに温泉があるのはうれしい誤算だ。

野趣溢れる露天風呂で旅の疲れを癒やした後は、待ちかねた夕食。

食事は、庭に面した食事処で供される。和ろうそくの灯りに導かれ、個室に入ると、庭の篝火《かがりび》が迎えてくれる。幽玄の世界での夕餉。

山里ならではの鄙びた料理と、長い歴史に培われた洗練の料理が混在し、食べる愉しみを存分に与えてくれる。

とりわけ、この地飛騨古川で育てられたという、飛騨牛の旨さは群を抜いている。

適度に脂がのり、噛むほどに旨みが口の中に沁み渡る牛肉は、うっかりすると本命の鮎を忘れてしまいそうになる。

さてお目当ての鮎。お造りは清冽《せいれつ》な香りを放ち、塩焼きは天然鮎ならではの旨みをしっかり湛える。糀干《こうじぼ》しから〆の鮎雑炊まで、飛騨の鮎を味わい尽くすこともできる。飛騨牛と天然鮎。この取り合わせは『八ツ三館』ならではの贅沢。

牛も鮎も同じ生命なれど、食べる側の心構えはいささか異なる。元の生きた姿を思い浮かべることのあまりない牛と違い、命を丸ごと食べる鮎には贖罪《しょくざい》という言葉が浮かんだりしてしまう。

日本の原風景としての街並みを残す飛騨古川にあって、湯も味も愉しめる『八ツ三館』。いつまでも残しておきたい宿である。

41 あさば（修善寺《しゆぜんじ》）――ここが東の横綱。「東国一」の名旅館

修善寺の『あさば』。それはただ一軒の日本旅館という範疇《はんちゅう》を超え、内外からの賓《ひん》客《きゃく》を迎えるゲストハウスとして、あるいは、能舞台というステージを擁するエンターテインメントスペースとして、多くが憧れる宿として夙《つと》に知られている。

修善寺は伊豆半島の真ん中から少し北にある。ここを中心とする伊豆箱根は、首都圏から最もアクセスのよい温泉地として、多くの宿が鎬《しのぎ》を削っている。といいたいところだが、現実はそれほどのレヴェルではなく、むしろその選択肢は驚くほど少ない。

無理やり部屋に置いた露天風呂と、アジアンティックなインテリアがチープな、新しきお籠り宿は、爪先立った危うさだけが印象に残り、老舗の看板だけを拠り所にする古き宿は、胡坐《あぐら》をかいた傲慢さが鼻につく。いずれ、交通不便な場所にあれば早晩

消え去るはずが、その立地のよさに助けられ、強気の価格設定にもかかわらず、多くの客を集めている。

物の道理を知ることなく、浅はかなブランドに簡単に引きつけられる輩には人気が高いこれらの宿と本書は、まったくといっていいほどに無縁である。

それはさておき『あさば』。その歴史は古く五百二十年にも及ぶ。遠州《えんしゅう》から修禅寺を開くために派遣された禅師《ぜんし》のお供をしてやってきた開祖《かいそ》が堂守として宿坊をおこしたのが始まりとされる。加えて〈月桂殿〉と名づけられた能舞台は、明治の後期に深《ふか》川《がわ》の富岡八幡宮《とみおかはちまんぐう》から移築したものである。

あさば

修善寺といえば平安初期に弘法大師《こうぼうだいし》が開基した仏教の聖地であり、能舞台は、日本の伝統芸能を演じるステージとして、その格調を誇るもの。『あさば』が、ただ一軒の日本旅館を超える存在といったのは、このふたつの背骨を宿の中心に据えているからである。

ただ広い部屋を持ち、モダンなインテリアで飾った宿なら簡単にできる。だが、日本人の心の拠り所である仏教と古典芸能を擁する宿は、一朝一夕にできるものではない。数多の必然と少しの偶然、そして長い歴史がなければなし得ない宿である。

とはいえ、『あさば』はただ歴史の重みにだけ頼るような宿ではない。むしろその逆で、常に「今」を見つめ、クラシックな造形を、シャープなデザインで彩る感性がきらりと光る宿なのだ。

チェックインして最初に案内されるサロンは、重厚な宿の空気を和らげるかのように、オフホワイトの壁で囲まれたシンプルな空間。時にここで供されるシャンパーニュが能舞台をバックステージにするとき、『あさば』は三百五十年の時空を超える。

ほとんどすべての客室からは、池に浮かぶ能舞台を望める。海や山、川を望む宿は少なくないが、客室から能舞台を間近に望む宿はほとんどない。幽玄の世界に遊ぶ宿の所以である。

その存在感ゆえ、つい能舞台に目が行きがちだが、橋掛《はしがか》りの後ろに控える滝の流れもまた『あさば』ならではの絶景だ。夜更けて静寂に宿が包まれるまで、流れ落ちる音が宿に谺する。竹林、能舞台、そして滝。これこそが非日常の眺めであり、だからこそ『あさば』は宿の中で引き算ができるのだ。

池と見まがうような露天風呂や、木の芳しい風呂で伊豆の名湯を愉しんだ後、端正な客室で待つのは、王道を行く日本料理。上質の食材を惜しげもなく使い、奇をてらうことなく、伝統に則った調理法で素直に料理する。器遣いや盛りつけに感じるのは、余計な飾りを排した、この宿の男っぷりだ。

消費の主役が女性である昨今、よくいえば「繊細」、悪くいえば「ちまちま」した料理が人気を呼んでいる。それも悪くはないのだが、重厚な門構えで、庭の池に堂々たる能舞台を持つ『あさば』には、男っぷりのいい大胆な料理がよく似合う。

陰翳礼讃とはいえ、とかくウェットになりすぎる日本旅館にあって、端正な、それでいて肌理《きめ》細かな情緒を持つ『あさば』の空気はからりとして爽やか。日本を代表する宿は鮮やかな男前振り。

西の『俵屋』に対して、東は『あさば』。この二軒を、日本旅館の両横綱とすることに、異論を挟む余地などない。もてなし、料理など、あらゆる要素を含めてもそうだが、分けても建築と、それに伴う室礼《しつらい》の美しさにおいて、この二軒を超える宿には、いまだ出会うことができずにいる。細部にまで美の宿る旅館、それが『あさば』という宿である。

42 オーベルジュ　フェリス（修善寺）

――修善寺でモダンスパニッシュという贅沢

美味しいものをさんざん食べて、さて、これから家に帰るのも面倒だ、となり、このまま泊まれればいいのに。と、そんな思いから生まれたのがオーベルジュ。いってみれば宿泊設備つきレストランということになるのだが、例によって、日本では、その名ばかりが先行して、真の意味を理解することなく、「オーベルジュ」を名乗る宿が少なくない。

和食を出すわけではないから旅館ではない。だがホテルというには憚《はばか》られるような小さな宿は、かつてペンションと呼ばれたが、今は「オーベルジュ」といった方が格好がいい、そんな軽い宿が伊豆箱根界隈に跋扈《ばっこ》し始めて久しい。

名ばかりでなく、かのガイドブックがいうような、「そこを訪ねるためだけにわざわざ旅をしてもいい」宿が、そろそろ出現してもいい頃だと誰もが思い始めた二〇〇六年。伊豆修善寺に忽然として現れたのが『オーベルジュ　フェリス』。多くが軽いフレンチでお茶を濁す中、モダンスパニッシュを供する冒険的なオーベルジュ。

修善寺の温泉街を抜け、住宅街、別荘地をひた走る。やがて姿を現した『オーベルジュ　フェリス』はスタイリッシュな外観が印象的、木肌を生かし、エッジのきいた建築だ。客室はわずかに五部屋。今回はビューバスを備えたデラックスルーム。

まずはウェルカムドリンク&スイーツ。旅館でいえば「お着きの菓子」。ピンチョス風の愛らしいお菓子がハーブティーによく合う。

オーベルジュ フェリスのパエリア

宿が建っているのは高台なので、一階の部屋といえども、温泉を引いたバスタブに身を沈めれば、窓の外にはパノラマビューが広がる。湯上がりはテラスで火照った身体を冷ますもよし、ベッドに寝転ぶのもよし、だ。

温泉に浸かった後にモダンスパニッシュ。なんとも贅沢な話だ。「エル・ブリ」が話題になって以降、都内にも多くのスペイン料理店やバルが出現したが、傑出した料理となると十指にも満たない。伊豆修善寺となれば、そう大きな期待は持てないだろうという、誰もが抱く思いを胸に席に着く。

条件が合えば富士山まで望めるという雄大な景色を眺めながら料理を待つ。オープンキッチンの動きが激しくなり、芳しい香りが客席まで漂ってくる。

待つことしばし。やがて運ばれてきた料理は、センシィティヴな盛りつけが目を引く。間髪をいれず口に運ぶと、地の食材を生かしたダイナミックな味わいに舌を巻いた。脱帽だ。はたして何皿出たのだろうか、次々と繰り出される料理は、かの「エル・ブリ」をも彷彿させ、美味しくも愉しい。

こんなディナーを愉しんだ翌朝はゆっくり朝寝して、パエリアブランチに舌鼓を打つ。日本唯一ともいっていいだろうラテン系の宿である。

※宿泊スタイル変更のため、2021年11月現在、いったん閉鎖中。再開はHPにて告知予定。

43 ホテルミクラス（熱海）

——美食と絶景大浴場、なんだかんだいって熱海

かつては日本を代表する温泉地として広く知られた熱海。近年はどうも元気がない。新幹線の駅もあり、首都圏からのアクセスも極めていい。加えて湯量も豊富で、旨いものにも事欠かない。なのになぜ。

ひとつには知られすぎた、ということもあるだろう。なんだ熱海か、と。あるいは大型旅館が建ち並び、団体旅行向けのイメージが強すぎて、個人客から敬遠されたのも一因だろうと思う。だが、やはり熱海は熱海。熱い海と書くことからも明らかなように、海沿いの温泉といって、熱海を上回るところなど、そうそうないのである。

——熱海の海岸、散歩する——。貫一お宮でなくても、多くがそぞろ歩く海岸沿いに『ホテルミクラス』がある。

控えめなエントランスを入ると、シンプルなデザインを施された館内に、以前の面影を見つけるのは難しい。そう、かつて、ここは「大月ホテル」といい、昭和の時代

ホテルミクラス　オーシャンビュー客室

を色濃く残した典型的な温泉ホテルだったのである。
そしてそこには伝説のレストランがあった。「大月ホテル」に「ラ・ルーヌ」あり。美食家たち垂涎のフレンチレストランがここにあった。その厨房で腕をふるっていたのがその「旬香亭」のオーナー、フレンチに新たな風を起こした斉藤元《げん》志《し》郎《ろう》シェフだったのである。

温泉宿に本格フレンチ。かつてない取り合わせに胸を躍らせ、まだ幼い子供たちを引き連れて「ラ・ルーヌ」を訪ねたのは二十数年も前のこと。贅沢なことに、僕のふたりの子供はここでフレンチデビューを果たしたのだった。

四半世紀の時が流れ、シンプルモダンに生まれ変わったホテル同様、レストランもまた「ラ・ルーヌ」スピリッツを残しつつ、地元の旬の食材や有機野菜にこだわった身体に優しいフレンチに生まれ変わった。

スタイリッシュな客室はオーシャンビューのスーペリアルームがおすすめ。窓際のロングソファに寝そべって、海を眺める時間は何ものにも代えがたい。広い部屋のバスルームはあえてシャワーのみ。絶景を望む大浴場があるのだから、これで正解。

まさに絶景が目の前に広がる大浴場。女性用は八階、男性用は十三階。どちらも、まさしくオーシャンビュー。水平線をぼんやりと眺めながら浸かる温泉は、さすが徳川家にも献上されたという熱海の湯。分けてもこの宿は〈大月の湯〉と呼ばれ、美肌効果が高いことで知られているそうだ。

飽かず海を眺め、湯に浸り、美食に舌鼓を打つ。これぞ熱海。王道温泉のルネッサンスは始まったばかり。

44 オーベルジュ花《はな》季《ごよみ》(伊東)

——小さな小さな、オーベルジュ

おそらく日本一小さな旅館《オーベルジュ》ではないだろうか。伊豆伊東の外れにある『オーベルジュ花季』の佇まいは旅館というより、瀟洒な民家といったふうだ。

暖簾を潜り、ガラスの格子戸を開けると、女将の出迎えを受ける。ウェルカムカウンターに腰掛け、小さな花生けの野花に目を休めていると、お着きの菓子が出される。「心のこもったもてなし」、日本中どこの宿に行っても、目に入る決まり言葉だが、それが一番よく似合うのは、この『花季』だ。人も宿も、最も大切なのはファーストインプレッション。大仰な茶菓ではなく、手作りの素朴なお菓子とお茶、何より優しい笑顔にこめられた「心」が伝わる。

大浴場もなければ、客室露天もない。小ぢんまりした客室がわずかに二つ。同じ間取りの部屋には温泉を引いた檜の内風呂があるだけ。箱根辺りにある今どきの隠れ宿を好む向きには、物足りない宿に映ることだろう。だが、実際に泊まってみると、余計なものが何もないだけに、心底安らぐことができることに気づく。

田舎の実家に帰ったかのような、のんびりと流れる緩い空気に包まれて、夕餉までのひとときを過ごす。小さな湯船にどっぷりと浸かり、誰はばかることなく、良質の湯を身にまとう。よく考えてみれば、大きな温泉旅館でも客室にまで温泉を引いているところは決して多くない。部屋の風呂で温泉を愉しめるというのも贅沢な話なのだ。

湯上がり、畳に大の字になって裸で寝転ぶ。この時間もまた、この小さな宿ならではのこと。窓の下を流れる松川を渡ってくる風が火照った肌を冷ましてくれて気持ちいい。しばしまどろむ。

夕食は階下にある二箇所の食事処で出される。ひとつは琉球畳の間、もうひとつはフローリング張り。どちらもゆったりとした椅子席なのがありがたい。

この宿の最大の特徴は、母、娘、孫、三世代にわたる女性が、それぞれの特性を生かしてもてなすことから始まったスタイル。今も女性シェフが編み出す創作料理の数々が人気を呼んでいる。

花季の料理

一品ずつ、適度な間を置いて出てくる料理はどれもが美しい。箸をつけるのが惜しまれるほどに、品よく盛られた料理はしかし、口に入れるとその力強い味わいに驚かされる。見た目に美しい料理は、時として弱々しい味つけになりがちだが、この宿の料理は、しっかりとメリハリがきいている。

概して伊豆伊東辺りの旅館料理は、新鮮な海の幸に頼り切っていて、工夫のない宿が多く、落胆したことも少なくない。宿の裏山で栽培するハーブや、専属の漁師が一本釣りしてくる魚に工夫を重ねて作り上げる料理は出色。オーベルジュの名にふさわしく、伊豆随一の美食宿といっても過言ではない。

45 おちあいろう（湯ヶ島《ゆがしま》）――旅のスピリット溢れる『伊豆の踊子』の宿

伊豆湯ヶ島にある温泉宿。そう聞いただけで、そこはかとない情趣《じようしゆ》を感じる。それはきっと川端康成も同じだったに違いない。何しろ川端は四年半もこの湯ヶ島の宿に滞在して、あの名作といわれる『伊豆の踊子』を書き上げたのだから。

湯ヶ島から少し足を延ばせば、天城峠がある。修善寺がある。まさに旅芸人が潜んでいそうなところである。

伊豆というのは不思議な土地で、東、西、中伊豆と、それぞれに違う風土を持ち合わせている。陽光きらめくのが東なら、富士の高嶺を背後にして、沈みゆく夕陽を海に映すのが西伊豆。そして中伊豆はといえば、ここが最も情緒深いだろう。狩野川《かのがわ》の流れを右に左に、森閑とした緑の只中に、いくつもの宿が、ひっそりと点在している。

その中で、最も湯ヶ島らしい佇まいを見せるのが『おちあいろう』。この宿の玄関先に立って、その際立った情趣に心を奪われない者など、ひとりとしていない。日本旅館の玄関といって、ここを超えて美しい宿はないに違いない。

おちあいろう　客室

明治維新が成って、わずか七年の後に、この場所に温泉宿が産声を上げる。その名も「眠雲楼《みんうんろう》」。維新後の混乱や動乱に疲弊した人々に、いくばくかの安らぎを与えんとして名づけられたという。

ぼんやりと雲を眺めながら、静かに眠りに就く。そんな過ごし方をしてほしいと願っての命名。この「眠雲楼」が今の宿の前身であり、創業者の思いをそのまま引き継ぐように、〈眠雲亭〉の名が別館につけられている。

その後、明治から大正、昭和、平成と過ぎ、現在の経営者へと引き継がれることとなる。昭和の初期に建設された本館は国の有形文化財に登録されたおかげなのか、取り壊されることなく、奇跡のように今の姿を留めているのは何よりのことである。

箱根の『富士屋ホテル』同様、この宿でも、案内を乞えば、細かな説明つきで、館内を見せてくれる。組子細工の障子や、欄間の意匠など、職人技の極致を間近にするだけでも、この宿に来た甲斐があるというものだ。

昭和モダンの洋室、広々とした和室や広縁でくつろぐ。そして気が向けば、掛け流しの湯が溢れる露天風呂に入る。目には緑、耳には狩野川のせせらぎ。これをして贅沢の極みという。

ところでこの『おちあいろう』。宿の名の由来となっているのは、ふたつの川。狩野川の起点となる猫越川《ねっこがわ》と、本谷川《ほんたにかわ》が落ち合う場所に建つことから名づけられている。前者を男川、後者を女川と呼び、その出会いとなる場所は当然のことながら、縁結びに強大な威力を発揮することとなる。合流点に架かる橋は、その名も男橋と女橋。橋を渡り、この宿に泊まれば良縁に恵まれる、かもしれない。

46 旅師《たびし》の宿やかた（河津《かわづ》温泉）

――河津桜に彩られる個性派旅館

伊豆半島の東南の端にほど近い河津温泉。早咲きの河津桜で知られた地だが、ここに極めて個性の強い宿がある。その名を『旅師の宿やかた』といい、「やかた」は河津三郎の館があった場所に由来する。

かつてこの宿は「清水沢」という名前をつけて、別の場所で旅館をやっていた。僕はその頃からのファンである。初めてその「清水沢」を訪れたとき、まったくもって、いい宿とは思わなかった。

清潔感はあるものの、なんだか民宿みたいな部屋だし、何より夕食に出てくる舟盛りの刺身には閉口した。いくら海辺の宿だからといって、こんなにたくさんの刺身を食えるわけがない。「清水沢」を紹介してくれた案内人には悪いが、ずっと仏頂面で夕食を摂っていた。

すると、あろうことか宿の主人が「あい、あい、サービスですよう」といいながら、舟盛りをもう一杯持ってきたのである。呆気《あっけ》にとられるばかりの僕にそのオヤジさんが言った。

「刺身なんてものは、すぐに飽きちまうんだよね。五切れくらいが限度だな。でも、こうやって食うと旨いんだよ」

鉄鍋に昆布出汁を張り、煮え立ったところに、主人が金目鯛の刺身を泳がせる。

懐の深い人だなぁといたく感じ入り、改めて宿を見てみると、どことはなしに好ましく思えてくるから不思議だ。分けても、遠くに海を望む露天風呂などは、味も素っ気もない造りだったが、実に居心地がよく、酒を持ち込んで長湯した。

旅師の宿やかた

爾来、幾度となく通い、場所を移し、宿の名も建屋も変わってからも、この宿を訪ね、オヤジさんと話し込むのを愉しみにしていた。

宿に入ってまず目に飛び込んでくるのは大きな生け簀とビリヤード台。不思議な光景である。気候は温暖な東伊豆だが、河津の辺りは冬には冷え込む。囲炉裏に火が入ると、オヤジさんの独壇場。料理の残りを囲炉裏で炙ったりしながら、夜遅くまで話し込む。

宿自慢の、元漁船を使った露天風呂。これを港から運んできた顚末はビデオを見ながら解説してくれるのだが、なんとも破天荒、豪快な逸話に、何回聞いても、涙を流して笑いこけたものだった。

そんな愛すべきオヤジさん亡き後も、オヤジさん同様、我が道を行く主人が『旅師の宿やかた』をちゃんと守っている。毎朝谷津港へ出向き、自ら選び、調理する。宿の何から何までを全部主人がこなす、オヤジ流の宿は健在、どころか、ますます意気軒昂。実に愉しい宿なのである。

47 東府《とうふ》や（吉奈《よしな》温泉）——伊豆最古の歴史を持つ子宝の湯リゾート

伊豆は温泉の宝庫である。伊豆半島の東西、南北、あらゆる場所に温泉が湧き出ている。一説には伊豆は、湯が出づ、からの地名だというから当然といえば当然のこと。

総じて湯量も豊富で、名の知られた温泉地も多い。熱海、伊東、修善寺、熱川《あたがわ》、河津……。その名を聞けば、すぐに場所を思い浮かべることができる。

一方で、長い歴史を持ち、優れた湯でありながら、馴染みの薄い温泉もある。その代表がこの吉奈温泉。吉奈温泉と聞いて、すぐにその場所が浮かぶ人は、よほどの温泉通か、地元人だけだろう。

だがしかし、この温泉は、奈良時代に行基が見つけたと伝わる、伊豆最古の温泉なのである。そしてその湯の名を一躍世間に知らしめたのは、徳川家康だった。それゆえこの宿は『東府や』という屋号なのである。

箱根の宿でも書いたが、日本の宿や店において、屋号というものは最も大切にすべきものである。先に書いた『落合楼村上』も然り。深い意味を秘めているのが屋号というもの。勢力を誇示するかのように、旗印をつければいいというものでは決してない。

『東府や』の東は、駿府《すんぷ》から見て東という意である。長い宿の歴史で経営母体は変わっても、『東府や』の屋号は大切に守られている。それがまた、宿に魅力を与えているのだ。

さて、この『東府や』はただ一軒の宿だけをいうのではない。正しくは『東府や Resort & Spa - Izu』。広大なリゾートの中に建つ宿なのである。

中伊豆の真ん中にこれほどスケールの大きなリゾートがあるとは、きっと誰も思わないだろう。それくらいの規模。何しろ敷地の中を吉奈川が流れ、蛇行し、川を右手にも左手にも眺めることができ、三本も橋が架かっているのだから。

東府や　〈懐石茶屋 水音〉

宿としては本館と西館に分かれ、僕が泊まったのは川沿いの和洋室。ツインベッドが備わり、半露天の温泉がついた部屋。広々としていて、眺めもよく快適に過ごせるのだが、この宿には絶景露天風呂がある。まずはその湯を愉しまなければ。ノンビリは後回し。

玄関棟を入ってすぐ。川沿いに細長く伸びる石組みの風呂が〈行基の湯〉と名づけられた露天風呂。清流のせせらぎを耳に、木々を通して差す木漏れ日を目にする。湯はあくまでやわらかく、しっとりと肌に馴染む。お万の方はこの湯のおかげで身籠もったという子宝の湯。我が身には縁がないが、願いのある向きはぜひ。

温泉は他にも〈河鹿《かじか》の湯〉という露天風呂などもあるが、部屋に戻って川べりを眺めながら、温泉を独り占めするのもいい。

食事は朝夕とも食事処〈懐石茶屋 水音《すいおん》〉で供される。江戸期の建築を生かしつつリニューアルされた食事処は川沿いに設けられ、水辺のテラスも併設されている。「水音」の名前通り、川のせせらぎのごとく、創意工夫を凝らした、幾皿もの料理が次々と出される。

食に関しては、この宿には他にもベーカリー&カフェがあり、そこでは足湯に浸かりながら、焼きたてのパンやスイーツを味わうことができる。

この足湯には藤棚があり、初夏には見事な藤の花が下がる。芝生の広がる広大なガーデンを散策するもよし、部屋でのんびりくつろぐのもいい。さまざまに愉しめる宿である。

48 アルカナ イズ（湯ヶ島）――結界をくぐれば……

中伊豆の湯ヶ島。先の『落合楼村上』から歩いていけそうなほどの距離に、もう一軒、素敵な宿がある。まるで異なる個性を持つようでいて、好一対をなすのだからおもしろい。二軒を泊まり歩くのも一興。宿の名は『アルカナ イズ』。

初めてこの宿を訪れたとき、二度ほどその前を通りすぎてしまった。それほどに控えめな佇まい。表の通りからは宿の全容を窺い知ることはできない。つまり、宿に入ってしまえば、外の喧騒とは無縁でいられるわけだ。これもまたいい宿の条件となる。

結界のようなエントランスを入ってもなお、宿には見えない。瀟洒な高級マンションといったふうな建屋が正面に見え、左手に別棟になったレストランがある。つまりはオーベルジュスタイルの宿なのだ。

客室は全部で十六ばかり。すべてに露天風呂がついているので、大浴場はない。緑豊かな森に囲まれ、渓流の川音に耳を傾けるひととき。源泉掛け流しの天然温泉がうれしい。

アルカナ イズ　リバーウィング・スイート

すべての客室はスイート仕様だが、おすすめはリバーウィング・スイート。テラスの露天風呂からは眼下に渓流が延び、対岸の鮮やかな緑が目に飛び込んでくる。きちんとデザインされた近代建築に身を置きながら、雄大な大自然に溶け込む。心地のよい湯浴みである。

品よくまとめられた部屋の調度も好ましい。湯上がりの火照りをソファで鎮めたら、お愉しみの夕食がレストランで待っている。

別棟にあるレストランの名は〈リュミエール　アルカナ　イズ〉。全長十三メートルといわれる長い幅広のカウンターが印象的だ。テーブル席もあるが、叶うならこのカウンター席を選びたい。

深い緑をバックにして、きびきびと立ち働くシェフの姿を間近にすれば、おのずと期待に胸が膨らむ。

清流、深い山、そしてひと山越えた海。中伊豆の地の利を生かし、吟味された食材を洗練、かつ繊細な技でアレンジする。分けても野菜使いの妙は特筆モノ。中伊豆フレンチとでも呼びたくなるような料理は、目に美しく、舌にやさしい。まるで京割烹のように、カウンターを挟んで料理人と遣り取りしながらの食事は実に愉しい。

夕食を終えて部屋に戻り、テレビが置かれていないことに気づく。いくらか頼りなさを感じてしまうのは現代人の悪いクセ。有線LANでネット接続ができるので不便は感じない。静けさを優先すればテレビのない客室は好ましい。

味、湯、設え。三拍子揃った中伊豆の宿は、本物のオーベルジュである。

49 かいとく丸（西伊豆）——本書唯一の民宿は、日本二大美食の雄

かつて日本三大料理民宿というものがあった。膨大な数の民宿の中で、傑出した料理を出す宿を三軒挙げた。誰が言い出したのか、なかなかうまく言ったものだ。惜しいことにこのうちの一軒が廃業してしまい、今は二軒が残るのみとなった。

そもそも民宿という形態が、今の世の中にはそぐわなくなったのか、かつてはどこにでもあった民宿が、年々その数を減らしている。

民宿というものは、文字通り民家を宿とするのだから、その施設に大きな変わりはない。基本的には質実を旨とするものであり、三大の基準は何をおいても料理だった。

西伊豆の南の端に近い岩地に『かいとく丸』はある。民宿を始めてから四十年近くにもなるだろうか。噂を聞きつけ、僕が初めてこの宿を訪ねたのは二十数年以上も前のこと。随分と不便な場所にあるものだと思ったことと、想像していたのと違って、中々に立派な母屋だということ。今訪ねてもその思いはほとんど変わらない。

入り組んだ場所に建つ宿ゆえ、どこから入ればいいのか、最初は必ず迷う。迷ううちにだんだん心細くなる。本当にこの中に美食が潜んでいるのだろうか。

声をかけ、出迎えてくれた女将と目が合って、迷いはすぐに吹っ切れた。美味しいものを作る人の顔だからだ。これも同じく今も変わらないだろう。

部屋は昔とさほど変わらず、至って普通のもの。温泉を引いた風呂はかなり立派なものになった。宿の中は少しずつリニューアルされて、年々その快適度は増しているようだ。

一日三組までしか客を取らないから、行き届いた料理が出せる。食事室は老舗旅館にも負けないくらいに立派な空間である。そしてそこで供される料理。これも大きくは変わっていない。むろん、日々進化を遂げているだろうが、志、目指すところは同じだろうと思う。

ベースは日本料理だが、フレンチの要素も巧みに取り入れる。『かいとく丸』は「皆徳丸」という船の名に由来するというのだから、新鮮な海の幸はお手のもの。初めてこの宿で食べて感動したのが〈伊勢海老のスパイス焼き〉(現在はアメリカンソース)だった。あるいは、〈栄螺《さざえ》のエスカルゴ風〉。さらには朝食に出された鯵《あじ》の干物と味噌汁。

ありきたりの旅館料理に辟易していた頃だったから、余計に新鮮な驚きを感じたのかもしれない。破格とも思えるほどの料金は今も大きくは変わっていないだろう。朝夕の食事代だけでも、これくらいはかかるだろうと思う。

ここをしてオーベルジュと呼ぶ客もいるようだが、やはり僕は民宿と呼びたい。日本二大料理民宿のひとつ。けだし名宿である。

50 和味《なごみ》の宿 角上楼《かくじょうろう》（渥美《あつみ》半島）

――隠れた河豚の名産地、渥美半島の美食宿

愛知県渥美半島の尖端《せんたん》。伊良湖《いらご》岬《みさき》近辺は風光明媚《めいび》な地として知られる。「名も知らぬ　遠き島より」椰子《やし》の実が流れ着いた地であることは、多くが知るところ。だがその地が、冬の味覚の王者、河豚《ふぐ》の名産地であることは存外知られていない。

河豚といえば、誰もが長州、下関を思い浮かべる。南風泊《はえどまり》の市場で行われる袋競《ふくろせ》り。独特のダミ声は冬の風物詩にさえなっている。だが、その河豚のいくらかは、この地から送られたものだと聞けば、伊良湖の河豚がいかに豊潤であるかが、おわかりいただけるだろう。雄大な海にはきっと、河豚が安らかに育つ環境が備わっているのだろう。

河豚を求めて渥美半島へ。となれば、当然ながら一夜の宿をも求めたい。

渥美半島にあって、日本旅館ファンの人気を一手に集めているのが『和味の宿　角上楼』。宿の名が示す通り、美しい「和」の空間と、極上の「味」でもてなす宿である。

豊橋駅から車でおよそ一時間。田原《たはら》市という聞き慣れない地の、細い路地奥にその

宿はある。かつては遊郭街だったというだけあって、界隈には古きよき昭和の香りが漂っている。

レトロな、などという軽い言葉では表現し切れないほどに、情緒を湛えた宿の名物は河豚料理。

角上楼　客室

まずはその正体を見んとして、調理場を覗く。と、熟達の板長が手にする河豚の大きさに唖然とする。すぐ近くの港に揚がった天然トラフグは、なんと八キロ近くあるという。

河豚の味を決めるのは、漁場の土壌、潮流、それによって生み出される魚体だという。むろん季節も大きく関わる。当然ながら冬場の河豚に勝るものはない。しかもこの大きさである。期待は膨らむ一方だ。

中庭に面した食事処で次々と繰り出される河豚料理の数々。もしもこれを東京で食べるとなれば、はたしていくら掛かるだろうかと、下世話な考えがつい頭をよぎる。それほどに贅沢、かつ大胆な河豚料理なのである。

華麗なる河豚コースは、先付の〈ふぐ皮湯引《ゆび》き〉から始まる。立派な魚体からは想像もできないほどに繊細な味わい。白身魚の持つ淡白さに、ねっとりとしたコラーゲンの旨みが重なる。

季節を彩る前菜を挟んで、次なる皿は、いきなりメインディッシュにも匹敵する大皿盛りの〈てっさ〉。藍染めの皿が透けて見えるのもお約束。一枚一枚、丁寧に剝《は》がすもよし、箸を皿に滑らせるオトナ食いもいい。しっかりとした歯応えと河豚ならではの旨みが織りなす二重奏。目で愉しみ、舌で味わう〈てっさ〉に思わず笑みがこぼれる。

旅館料理の定番ともいえる〈茶碗蒸し〉にもまた、河豚がふんだんに使われ、〈焼きふぐ〉〈炭火焼〉へと移る。

多くの河豚料理店で出される焼き河豚は、骨つきの粗身を網に載せる。が、この宿では、いくぶん厚く引いた身にネギを巻いて、炭火で炙る。纏ったポン酢が芳《こう》ばしい薫りを漂わせると食べ頃の徴。〈てっさ〉にわずかに火が通った加減を味わう。いうなれば河豚たたき。レアに近い焼き加減で味わう。

次なる料理は〈ふぐみそ〉。この地ならではの八丁味噌が、ぐつぐつと煮え立つ器に河豚の身が躍る。濃醇な味噌と淡い河豚の身が絡み合い、味を重ねる。

河豚の宴はまだまだ続く。たっぷりと身を沈めた鍋に続き、粗身の唐揚げが出てくる。この辺りですでにお腹は満杯近くにまでなっているのだが、芳ばしい香りに誘惑されて、つい箸が伸びる。勢いは止まることなく〆の雑炊へと突っ走り、ようやく迎えた大団円。

渥美半島の雄大な自然が生み出した河豚を、主人自らと浪花《なにわ》料亭出身の板長が技を尽くす。満足満腹の河豚尽くしの一夜を終える。

あまりの旨さに、河豚話を長く続けたが、もちろんこの宿は河豚だけの宿ではない。名宿の少ない南愛知にあって、すべてにバランスの取れた佳宿である。

温泉ではないが、遠くを見晴らせる露天風呂も心地よく、さまざまに趣向を凝らした客室も、ほっこりと落ち着ける。とりわけ心に残るのは朝食の素晴らしさ。主人自らの手になるという干物も絶品なら、味わい深い玉子焼きも極上。伊良湖名物のアサリがふんだんに入った味噌汁も熱々で旨い。炊きたてご飯と共に味わえば至福のときが訪れる。名古屋近郊では貴重な宿である。

51 はづ合掌《がっしょう》(槇原《まきはら》渓谷)――一日五組限定、合掌造りの上質宿

愛知県の槇原渓谷。そう聞いても頭に地図を浮かべるのは難しい。もう少し東に行けば静岡県。南に辿れば、長篠《ながしの》の戦いで知られる長篠城、と聞けば、ぼんやりと場所が見えてくる。その渓谷沿いに、見事な合掌造りの宿があり、その名も『はづ合掌』。「はづ」は幡豆。かつての三河国、幡豆郡から取られた名であろう。

百五十年ほども前の建築だという、越中《えっちゅう》の庄屋屋敷を移築し、一日五組限定の宿とした。

合掌造りという建築様式は日本建築において、数寄屋造りと並んで極めて重要な様式だが、その手入れの困難さゆえ減る一方で、増えることなどはまずない。合掌造りならではの温もり、合理性。美しさと勁《つよ》さを兼ね備えた、類まれな建築を体験するためにも、ぜひこの宿に泊まりたいものである。

部屋はたったの五つ。それぞれに趣が異なり、露天風呂のついた部屋もあれば、ツインベッドが置かれた和洋室もあるが、最も合掌造りらしいのは和洋室。黒光りする太い梁に百五十年の長い歴史を感じ、障子や壁の白に目を休ませる。民芸調の質実な家具も好ましい。

はづ合掌　露天風呂

部屋でひと息吐いたら、渓流沿いの風呂へと出向く。

檜の半露天風呂もいいが、槇原渓谷の岩盤上に張り出した、石組みの露天風呂が圧巻。木立の隙間から木漏れ日が差し、清流を見下ろすと、しんと静まり返った岩肌に湯の音だけが静かに響く。ゆっくり、ゆっくりと心が鎮まっていく。

すぐ近くに湯谷温泉があるのだが、この風呂に張られているのは温泉ではなく薬湯。なんだ、温泉じゃないのか、と訝る向きもあるだろうが、僕にはさほど大きな問題ではない。

格別の温泉通ではないので、効能がどうとかよりも、雰

湯

囲気を重視する。あるいは清潔感。どんなに薬効あらたかな秘湯温泉であっても、湯桶が黴《か》びていたり、手入れが行き届いていないと、それだけで気持ちが萎える。

少しばかり長湯をして、びわの湯で身体を温めたら、後は夕食を待つばかり。食事処もまた、合掌造りならではの重厚な雰囲気を湛え、山間の宿とは思えないほど、洗練された会席料理が味わえ、この辺りが奥飛騨辺りの合掌造りの宿との違いである。館の造りは田舎家であっても、宿の中を流れる空気はいくぶんなりとも街場に近い。

『はづ合掌』はその絶妙なバランスを愉しむ宿なのである。

第4章

北陸・近畿の宿

52 欅苑《けやきえん》（南魚沼）——草を食べ、米を食む

さて、ここを宿として紹介していいものか、随分と迷った。宿というよりも、食事処として知られているからで、わざわざに泊まる客は少ない。しかし、ここで出される料理は、他の宿では決して食べることのできない、個性溢れるもの。さらには朝食の見事さといえば、これもまた、他の追随を許さない。ならばやはり泊まるしかない。

『欅苑』は新潟県は南魚沼にある。そう聞けば、食通でなくても「旨い米が食えるな」と勘づくだろうが、もちろん米も旨いが、この宿の真骨頂が発揮されるのは山菜を含めた野菜料理である。

開業は昭和六十一年というから、三十年に及ぶ歴史を持つ店。僕がこの店を初めて訪ねたのは二十年近く前のことである。

話は変わるが、京都銀閣寺の近くに「草餈《そうじき》なかひがし」という料理店がある。その

名の通り、草、すなわち野菜や山菜がメインの店だが、平成八年の初夏、オープンして間もない店で食事をしたとき、僕の頭に真っ先に浮かんだのがこの『欅苑』の料理なのである。

今でこそ、肉や魚ではなく野菜を主役にした料理が当たり前のようになっているが、「草喰なかひがし」が開店した二十数年前には、なかなか認知されなかった。その後の人気ぶりは多くが知るところだろう。京都で予約の取りづらい料理店の筆頭に挙げられる、超人気店。

欅苑

と、この『欅苑』。その「草喰なかひがし」より十年も前から同じスタイルの料理を出していたということに、今さらながら驚かされる。

明治三年に建てられたという豪壮な茅葺き建築。伝統的な田舎家造りの二階座敷で出される料理はまさに「草」を食べるものだった。

ウルイの酢味噌がけ、自然薯《じねんじょ》海苔巻き、自家製のガンモドキ、ワラビのおひたし、のっぺ汁。今でもその鮮烈な味はくっきりと蘇ってくる。階下の囲炉裏端で店の主人が焼いた岩魚もことのほか旨かった。これに、いわずと知れた越後の銘酒を合わせるのだから左党には堪らない。鶴の友、〆張鶴、越乃寒梅、緑川。

「草餐なかひがし」の原点ともいえる料理と、越後の銘酒を堪能した後に案内されるのは別棟になった宿泊所。こちらは至ってシンプル。部屋に入ればビジネスホテルさながらの造りだが、それはそれでまたよしとする。

ぐっすりと眠って翌朝。昨夜と同じ座敷で待ち受けているのが、正しい日本の朝食。野菜や山菜を使った料理が、三、四鉢と、分厚い焼き鮭、それに玉子焼きが朱塗りの角盆に載っている。熱々の味噌汁、炊きたてのご飯がこれに加われば、他に何が要るというのか。店のすぐ裏の田んぼで収穫したコシヒカリの旨さは格別。泊まらないと、これにはありつけないのだ。

四千坪にも及ぶ敷地内では、あちこちで山菜が採れ、自家栽培の野菜もすぐそこで収穫される。瑞々しいことこの上ない「草」を食べると、身体中が洗われたような気になる。

樹齢千五百年にもなるという欅の大木に見守られ、旬菜に舌鼓を打つ一夜を過ごせば、生まれ変わったような気分になる。希少な宿である。

53 赤倉《あかくら》観光ホテル（妙高高原）

――ヨーロッパの雰囲気に酔う山岳リゾート

初めてこのホテルを訪ねたのは何年前だっただろうか。おそらくは四十年以上も前のこと。雪道を踏みしめて見上げた赤い三角屋根のホテルは、当時とほぼ同じ姿で山ふところに抱かれていた。

「国策」という言葉がにわかに注目されているが、そんな卑近な意味合いではなく、崇高な理念を持った「国策」として、一九三〇年代の日本に数々の国際リゾートホテルが造られた。この間の経緯については『近代日本の国際リゾート』（青弓社刊）に詳しい。リゾートホテルファンはぜひご一読を。

名ばかりのリゾートではなく、欧米人にも立派に通用する真のリゾートホテルが、日本のあちこちに造られたのだ。

上高地、雲仙、志賀高原、阿蘇、蒲郡、唐津、琵琶湖、河口湖、日光、川奈、中禅寺湖、そして赤倉。すでに消失してしまった宿もあるが、多くは今も健在である。今から思えば、国を挙げて整備された「国際観光ホテル」は実に正しいリゾートホテルだったのである。

限られた紙幅ゆえ多くを語ることは叶わないが、それらの要として『赤倉観光ホテル』の存在があったことは紛れのない事実である。

妙高赤倉の峰々を背にして建つこのホテルもまた、『上高地帝国ホテル』と並んで、日本を代表する山岳リゾートホテルとして、その名声を永く保ち続けている。

上高地から遅れること四年、昭和十二（一九三七）年十二月十二日の開業である。上高地とは少しく趣を変えながらも、やはり堂々たる山岳建築。

同じ山岳リゾートホテルでありつつ、上高地と大きく異なるのは、スキー場というウィンタースポーツのフィールドをも擁していることだ。それゆえ、ヨーロッパアルプスに近い、重厚な、それでいて軽やかな空気をも湛えるリゾート感がある。

実は、最初の建築は昭和四十（一九六五）年に一旦焼失したが、翌年再建されたのが現在の建物。子供心に記憶している焼失前とほぼ同じ建築である。

館内に入ると、当然ながら以前あったものとは異なる施設があり、しかし二階にあるライブラリーや、そこから見下ろす階下のラウンジなどは、かつてと同じ、懐かしくもクラシックな雰囲気を漂わせる。

赤倉観光ホテル

長い歴史と伝統を持つホテルの悩みは、現代の快適さと、どう向き合い、整合性を取るかである。いくら伝統があるといっても、古臭さを匂わせたり、不便を感じさせたのでは、リゾートホテルとしての体をなさない。品格と格調を失わないように保ちながら、リノベーションを重ねていくのは困難を極める。『赤倉観光ホテル』は、その数少ない成功例といっていいだろう。

部屋に入った瞬間は昔と同じ空気を感じさせ、しかししばらくすると、その居心地のよさに、改築されたことに気づくのだ。

火難に遭い焼失した創業当初のイメージを忠実に再現し、昭和初期の佇まいを彷彿させる館には、快適にリニューアルされた客室が、バリエーション豊かに揃う。

僕の気に入りは野尻湖側の〈コーナーツイン〉。開放感溢れる造り。軽やかな眺めと、どっしりとした調度。そこに生まれる不思議な安らぎ。

両側に窓が開く〈コーナーツイン〉の部屋は「ドレクセル」の家具で統一されている。美しいフォルムとデザインがベストマッチ。無垢の木の木目を生かす塗装。古色を醸し出すディストレス。使い込むほどにその輝きを増す家具は、このホテルのスタイルと同じ。長い時間を掛けることでしか生まれない燻し銀のように鈍く輝く風格。それこそが『赤倉観光ホテル』の目指すものなのだろう。

先年新築された新館のモダンデザインと泊まり比べるのも一興だ。

ホテルであるのに温泉大浴場があるというのもうれしい。妙高山の中腹から湧き出る温泉を掛け流した天然温泉。レトロな雰囲気の湯船から山々を眺めるのも、この宿ならではの贅沢な時間。

湯上がりの火照った身体を冷ますのに、格好のカフェテラスが新しく造られた。横長の空間にすべて窓に向かった椅子が並び、オープンエアのテラスからは、遮るものが何もない眺望が愉しめる。

山の夜は早い。陽が落ちるとあっという間に闇に包まれる。自然急ぎ足でレストランへ向かう。

メインダイニング〈ソルビエ〉で供されるフレンチもまた、この宿にふさわしい品格を持っていた。長い伝統に裏打ちされ、しかし時代の空気も取り入れ、その味わいは深く濃く、これこそが正しいフレンチディナーであると、心の奥底に沁み入るような料理。分けてもコンソメスープの滋味深い味わいは出色だった。

料理、サービス、設備、すべてに本格と快適を追い求める姿勢に感服。日本一のリゾートホテルだ。

54 リバーリトリート雅樂倶《がらく》(春日温泉)

——最高の洋食と、最高の和食を味わえる日本旅館

地名に馴染みがないところに持ってきて、宿の名も日本旅館らしくないと思われて

いるせいだろうか、意外にこの『リバーリトリート雅樂倶』は宿フリークの間でも知られていない。この宿はもっと注目されていいはずだと僕はずっと思ってきたのだが。しかしそれが幸いしてか、隠れ宿として訪れるVIPも少なくない。

富山県春日温泉といっても誰も知らない。だがそんな場所にこれほどの先進的な宿を造ったということだけで充分画期的なことだと思う。

きっかけは「越中八尾風の盆」という祭りだった。数ある盆踊りの中で日本一美しい踊りを見るべく毎年九月の初めには富山を訪れていたのだが、如何せん宿には恵まれない土地柄。だがある年、近くに優れた宿ができたと聞いて訪ねてみたのがきっかけとなった。

風の盆がなくても訪ねてみたい、そう思わせるほど、越中には珍しくスタイリッシュな宿であった。

多くの日本旅館に欠けている代表的なアイテムがデザイニングだ。代々受け継いできたものだから仕方がないとはいえ、その統一性のないデザインはとても容認できるものではない。人はなぜ日本旅館に泊まらなくなったか、その答えはここにある。

優れてスタイリッシュなモノに囲まれて暮らしている現代において、ここまで見事にデザインというものを無視して存在し得るものだろうか、と思わせる旅館があまりにも多い。その意味でこの宿は、ホテルと同じく、いやそれ以上に、あらゆる角度からの視線を意識したデザインがなされている。日本旅館にとってこれは稀有なことである。

リバーリトリート雅樂倶　客室

カッシーナの椅子が印象的なロビーラウンジから、スイートタイプの部屋に進む動線。その途中でいくつ魅惑的なオブジェに出会ったことだろう。加えて、各客室のアプローチには陶芸作家のオマージュが飾られていて、それだけでもこの宿の先進性が見て取れる。鯉江良二、加藤委、など、よくぞここまで、と思わせる存在感に圧倒される。

ここまでアーティスティックなら、後はもういいや、となるのだが、そんなに詰めの甘い宿ではない。神通川と一体になったロケーションも美しければ、客室の設え、温泉、食に至るまで、すべてに抜かりはない。

絶えず進化し続ける宿。新館にライブラリーができたり、ロビーやショップが新しくなったり、初めてこの宿を訪れた十年前から、行くたびにどこかしら変化を遂げていて、飽きることがない。客室もまた然りで、オールスイートの新館客室の居心地などはすこぶるつきの快適さで、僕のお気に入りの111号室は、あちこち泊まり歩いても、中々これを超える部屋に出会えないほどに、居心地がいい。

その『リバーリトリート雅樂倶』の新たな試みは「極みの美食」だと聞いて、一も二もなくまた足を向けた。はたしてどんな美食が待ち受けているのか、胸をときめかせながら、玄関を潜った。

高い天井。広々としたロビースペースの向こうには、神通川越しに、対岸の緑が広がっている。この宿に来ると、まず目が喜ぶ。そして次に喜ぶのは舌。

創作フレンチと日本料理。ふたつのレストランがその味を競う。連泊必至の美食宿である。

55 あらや滔々庵《とうとうあん》（山代《やましろ》温泉）――加賀百万石、伝統流れる艶の宿

滔々と……。なんと美しい日本語だろうか。よどみなく溢れ出る泉は清らかで、留まることがない。悠久の時を感じさせる言葉を宿の名に冠した『あらや滔々庵』は、まさにその名の通り、よどむことなく長い歴史を刻んできた。

北陸加賀温泉郷は、関西人には最も馴染みの深い温泉地。山代、山中、粟津の三湯。だが近年は首都圏からの客が増えてきたという。それは一にも二にも、純度の高い温泉と心のこもったもてなしを求めてのこと。温泉偽装問題で一躍有名になった「源泉掛け流し」という言葉、まさにその源泉を十八代の長きにわたって守り続けてきたのが山代温泉にある『あらや滔々庵』である。

霊峰白山へ登ろうとしていた行基上人が、紫色にたなびく雲に導かれ、ヤタガラスが水たまりで翼の傷を癒しているのを見つけ、温泉を発見したといわれているのがこの宿の源泉。時は西暦七二五年というから、平城京に都が置かれてしばらく経ってからのこと。すなわちこの湯は千三百年近くも滔々と湧き出ているのだ。

どこにでもあるような温泉街を抜け、一見凡庸に見える建屋ではあるが、一歩館内に足を踏み入れると、そこには栄華を極めた加賀百万石の贅が今に艶めいている。

魯山人描くヤタガラスの衝立を背負い、客を迎える女将の礼を受け、玄関を上がると、床面すべてが、なんとエレベーターの中までもが、結城畳で敷き詰められていて、素足に心地よい。誰が履いたかわからぬようなスリッパを廃したのは英断だ。

どんなに長い歴史があろうとも、時代に添うように常に革新を重ねるのが老舗の使命。藩政時代からの部屋を移築した〈御陣の間〉はベンガラ色の朱壁がなんとも艶っぽく、近年改築された、開放的な露天風呂つき客室との対比が興味深い。〈若菜の間〉〈九谷の間〉などは広々としたオープンエアのバスルームと、ローベッドを備えた寝室を設え、モダンなインテリアを纏う軽やかな客室になっている。伝統を守りながらも革新を怠らない館主の

あらや滔々庵　客室

感性が客の心に響く。

客室の風呂でも充分満足できるが、せっかくの源泉宿。大浴場で滔々と湧き出る湯に身を任せてみたいもの。わずか数十メートルの地下から湧く湯は、一日あたり五百四十石、すなわち約十万リットルというから驚く。広々とした露天風呂で頬に風を受けるひとときは何物にも代えがたい幸せ。

湯上がりに待ち構えるのは加賀ならではの美食三昧。地元加賀橋立漁港に揚がる日本海の幸、近年話題の加賀野菜を熟達の料理長が洗練の技で調理する。加賀はまた名にし負う酒処。地酒に酔うもよし、館主自らセレクトしたワインと合わせるもよし。いずれ加賀百万石の華やぎは約束されている。別棟の木造離れのバーで食後酒を愉しむ頃には深々と夜は更けていき、源泉の湧く音だけが宿に谺する。

56 望洋楼《ぼうようろう》（三国《みくに》温泉）——蟹と日本海の絶景温泉

いうまでもなく、日本は四方を海に囲まれている。太平洋、東シナ海、そして日本海。それぞれに海の表情は異なる。季節によるのだろうが、最も荒いのは日本海のように思う。十年ほども前、舞鶴からフェリーに乗って小樽まで、野分の頃とはいえ、海とはこれほどまでに荒ぶるものかと思った記憶がある。

荒波たゆとう日本海。ならばこそ海の幸はその旨みを内に閉じ込める。代表的なのが蟹。日本海に面した港に揚がる蟹は総じて旨い。北陸から山陰にかけて、それぞれの港にブランド名がつき、旨さを競い合う。所詮は同じ海じゃないか、そう思わなくもないが、食べ比べると、たしかに微妙に味わいが異なる。

食にランクをつけることは本意ではないが、それでもやはり、日本海の蟹といって、第一等となれば越前蟹ということになるだろう。なにせ皇室にも献上されるほどなのだから。

その越前蟹を堪能できる宿となれば、三国の『望洋楼』の名を挙げるのは、きっと僕だけではない。十一月に入り、解禁日ともなると、世の蟹好きはこぞってこの『望洋楼』へ足を延ばす。

『望洋楼』はしかし、蟹だけの宿にあらず。ということは存外知られていない。

越前三国。北前船の寄港地として栄えた街。この宿の前身は廻船問屋だったこともあり、歴代藩主との関わりも深かったと聞く。分けても松平春嶽は、料理宿となった『望洋楼』をこよなく愛し、今も残る〈まつかぜ〉の間で飽かず、東尋坊を一望する絶景に目を遊ばせていたという。

すなわちこの宿は、日本海を眼前に望む、絶景温泉の宿でもあるわけだ。

望洋楼

客室は十室。そのうちの六部屋には日本海を見渡す露天風呂がついている。中でも特におすすめしたいのが、先にも書いた〈まつかぜ〉。春嶽公の手になる「酌」の字も鮮やかに、格式高い座敷から東尋坊を眺めると、一気にタイムスリップし、沖合を通る北前船が目に入ってくるような錯覚を覚える。きっとこの眺めは往時と大きくは変わっていないだろう。だが、当時はまだなかった温泉に浸かりながら、という贅沢は、さすがの春嶽公でも味わえなかったもの。藩主を超えての贅沢は湯と蟹。

雄大な日本海を間近にして天然温泉の露天風呂に浸

かり、選りすぐりの蟹に舌鼓を打つ。温泉を持つ蟹の名産地は数あれど、ここまで極めた宿は他にないだろう。贅を極めた宿でのひとときは、いつまでも心に残る。

57 美山荘《みやまそう》（花背《はなせ》）――摘草料理を味わい、川の清水に浸かる

狭いようでいて広いのが京都。雅な空気が漂う洛中《らくちゅう》から北へ、一時間ほど車を走らせてもまだ京都市左京区だ。

京都駅からなら、まず目指すのは「上賀茂神社《かみがもじんじゃ》」。京都三大祭のひとつである「葵祭《あおいまつり》」の祭列はこの社を目指す。ここでもすでに洛中からはかなり離れているが、宿への道程はまだまだ遠い。山を越え、天狗を相手に牛若丸が修行を積んだ鞍馬山《くらまやま》を越える。つづら折りの山道を奥へと分け入り、ようやく辿り着いたのは「花背」の里。雅とは無縁の鄙びた山里には茅葺きの民家が点在し、はて、こんなところに本当に名旅館があるのだろうか。初めて訪れた客は誰しもがそう思う。

そんな鄙びた山里をも過ぎ越し、やがて修験道の霊場として知られる「峰定寺《ぶじょうじ》」の道標《みちしるべ》に出会う。平安末期創建の、この寺の宿坊として明治の初期にスタートした

美山荘

のが『美山荘』だ。宿坊から名旅館へと変身させたのは三代目にあたる先代主人。〈摘草《つみくさ》料理〉を発案し、鄙びた山里の料理に洗練の技を加え、一躍その名を全国に轟かせる宿となった。

もしも都の公家《くげ》たちがこの里に隠棲《いんせい》したなら、きっとこんな暮らし振りだっただろうと思わせる、そんな設えが美しい。重厚な玄関を持つ母屋にも、軽やかな数寄屋造りの別棟にも、たっぷりと野の花が生けられ、そこかしこに配された調度も風雅な空気を漂わせる。「野遊び」という言葉が頭に浮かぶ。ただ鄙びただけの田舎ではなく、そこに都の文化が加わることで、「雅」とは一線を画す「軽《かろ》み」が生まれ、それはむろん料理にも相通じる。

山里の四季は、洛中のそれと比べて、輪郭《りんかく》がくっきりと際立つ。『美山荘』の料理は細やかな四季の移ろいを見事なまでに器に描き出す。

春。厳しく長い冬を過ぎ越した里は、わずかばかりの春の兆しを尊び、その喜びを素直に表す。たとえば嫁菜《よめな》の若葉や蕗《ふき》の薹《とう》など、冬から目覚めるための苦みを湛えた食材が顔を出す。

夏。鮎や天魚《あまご》に岩魚。清流を泳ぐ川魚たちが、短い山里の夏を謳う。

秋ともなれば、山里の本領を発揮し、舞茸、黒皮茸《くろかわたけ》、松茸などのきのこに加えて、栗やむかごなど、山の幸のオンパレード。長く続く冬に備える。

むろん、流通事情が格段に進歩した今では、鱧やグジなど、京都らしい海の幸も膳に上るが、そこはやはり鄙の里らしく、素朴な味わいを残し、華美な盛りつけは排している。温泉ではないが、よく手入れの行き届いた風呂には、すぐ傍の寺谷川の清水が張られ、清流を見下ろしながらに湯浴みができる。静寂に包まれた宿での一夜は身も心も綺麗に洗い流してくれる。

58 俵屋《たわらや》——やっぱり、ここが日本一です

誰いうともなく「日本一の旅館」、それが京都の『俵屋』だ。施設なのか、料理なのか、それともサービスなのか。一体何が日本一なのか。そんな具体性に言及するこ

とさえも無意味に思えるほど、この宿は素晴らしい。正直に白状すれば、心底僕がそう思うようになったのは、『俵屋』を実体験してからのことで、たかだか十数年にも満たない。

長く懐疑的だった。それはあまりにも多くが絶賛することに対する反発だった。その当時、すでに多くの日本旅館に泊まり歩いていた経験からいって、そんな完璧な宿があるわけがないと思ってもいた。十人の客が泊まったとして、八人が絶賛すれば、後のふたりはきっと不満を持つ。それが、日本旅館には当然のことだと決めつけていた。

きっかけは食事だった。京都に住んでいるから、京都の宿に泊まることはまずない。せめて食事だけでもして、この宿を批評しようとしたのだ。結果、不思議な気持ちになった。取り立ててすごい料理があったわけでもないが、何も気に掛かることなく、淡々と食事を終えることができたのだ。

狐に抓《つま》まれたような不思議を解明するために、さほど日を置かず泊まってみた。その結果が冒頭の言葉である。間違いなく「日本一」の日本旅館だろう、と。いや、ホテルも含め、日本にあるすべての宿泊施設の中でナンバーワンだろうとさえ思う。

なぜそこまで絶賛できるのかといえば、『俵屋』はプロの集団が作り上げた宿だからである。造作はもちろん、掃除、手入れ、接客、料理、と、すべてにおいて、プロ、すなわち名職人が携わっている。その職人たちが自分の持ち場を完璧にこなすのは、オーケストラの楽団員にも似ている。となれば、当然のこととしてそれを統括する指揮者が必要だが、これ以上望むべくはない、といえる名コンダクターが『俵屋』には常任している。それが創業から数えて十一代目にあたる佐藤年《とし》さんだ。旅館の女将然とした雰囲気を持たず、どちらかといえば、シャトーホテルのマダムといった風情で『俵屋』を指揮する。

俵屋

　二百年近い歴史の中で培われ、積み重ねられたさまざまが、十一代目の美意識によって、美しく調えられる。調度、花、軸などは、寸分の狂いもなく配され、それらを受け留める建築もまた、控えめな「美」を体現している。部屋の広さ、間取り、窓の大きさ、光の入り加減、障子の桟の配分、すべてにおいて「これしかない」のだ。

日本人でありながら、多くが日本建築から、遠ざかっていく。畳を知らずに育つ若者が少なくないと聞く。寂しい限りだ。その憂いに対する反動もあって、優れた日本旅館への憧憬は日々募るばかり。たしかな伝統に裏打ちされていて、しかしいくらかの新しき洗練をも併せ持つ宿。その規範ともいうべきが、日本一の宿と確信する『俵屋』である。

この宿の、すこぶるつきの居心地のよさは幾度となく記してきたので、ここでは省く。が、その居心地のよさの一端を担っているのが、この宿の普請であるのはいうまでもない。

多く、名建築なるものは、著名な設計家の成果とされるが、こと日本旅館に関しては、宿の主が味わいを加えて、初めて完成するのであり、いくら優れたハードであっても、それだけでは宿の居心地に繋がらない。

たとえば〈暁翠庵〉の間。この庭へと続く濡れ縁の角には、あるべき柱がない。庭の景観を配慮した吉村順三の技ではあるが、それをどう生かすかは、宿の主の腕に掛かっている。座椅子のデザイン、簾の長さ、植栽の位置にまで心を砕いて、初めて建築家の技が生きてくる。ホテルとの違いはここにある。極論すれば、日本旅館における建築は、ただの器にすぎず、その美しさを際立たせるのは、宿の主の仕事なのである。

間然するところがない設えは、人の心を安らげ、内側へと向け、深い思索へと誘う。畢竟《ひっきょう》、宿は人が作るものだ、という至極当たり前のことに気づかされる。『俵屋』に泊まるということ。それはただ一夜の寝床を得る、ということ以上に、客の心にスピリチュアルな「美」を与えてくれる。『俵屋』が日本一という理由はここにある。

59 ダイワロイネットホテル京都八条口《はちじょうぐち》

——ビジネスホテルだと侮るなかれ！

百名宿といって、すべてが名旅館や名門ホテルばかりではない。日本各地に展開するビジネスホテルチェーンであっても、その有り様によっては、充分名宿としておすすめできる。その代表がこの『ダイワロイネットホテル京都八条口』。

その優れたる第一は眺め。

ホテルが位置するのは、京都駅のすぐ南側。駅の北側と違って、南側は道路も広く、高層ビルも少ない。とかくビジネスホテルは密集地に建ち、カーテンを開けるとすぐ隣のビル、というところも多い中で、このホテルは東西南北すべての方向に見通しがきく。北は京都駅、南は伏見、東は東山と、なかなかの見晴らしだが、とりわけ素晴らしいのは西側。むろん、皆無とはいかないが、ほとんど高層ビルが見当たらない中、東寺の五重塔がそびえ立ち、背後には西山の峰々が連なる。夕焼けの頃などはことさらに美しい。

朝、カーテンを開けたときの開放感は他を圧する。気分よく一日が始まると、旅のテンションも上がる。

第二にアクセスのよさ。眺めと同じく、四方に開けたアクセスは京都旅に格好。洛中ならバスや地下鉄。宇治、伏見、嵐山などの郊外へはJR。無敵のアクセスといってても過言ではない。しかも鉄路を使えば渋滞知らずなのもうれしい。シーズンともなると、京都の観光地はどこもが混み合い、道路が狭いことも相まって、車で移動するのは多くの時間を無駄に費やすことになる。

京都駅からだと、宇治、伏見、嵐山、嵯峨野など、どこも二十分ほどで確実に辿り着けるから、予定が狂わない。さらにはホテルの前、東西の道は東寺道。東寺へお参りするのに迷うことなく歩いて辿れる。

第三に居心地のよさ。宿としては最も重要な部分だが、これもまたビジネスホテルとは思えないほどに快適に過ごせる。

ツインルームはシティホテルに劣らない広さを持ち、シングルルームも過不足のない広さと設備を備えている。夜ともなれば、辺りはしんと静まり返り、騒音など無縁、安らかな眠りも約束される。

千三十円で提供される朝食も、京都らしさを湛えていて、六時半から食べられるのもありがたい。あるいはすぐ向かいにコンビニもあるので、軽く済ませたいときにも便利。

何よりスタッフの対応がいい。むろんビジネスホテルだから限度はあるが、それでも精いっ

ダイワロイネットホテル京都八条口

ぱいリクエストに応えてくれる姿勢が小気味よい。

毎日、ロビー前の黒板に近隣の見所や、京都の歳時記が記される。それが写し書きだけでないことは、客の質問に丁寧に答える姿を何度も見ているから間違いない。取り立てて名札こそつけていないが、スタッフ全員がコンシェルジュなのだ。

ひとりでもふたりでも、京都旅に強くおすすめしたいビジネスホテル。

60 其中庵《きちゅうあん》（京都）——本物の「片泊まり」の宿

言葉というものは、時として時代の流れを作り出す。

「片泊まり」の宿が一世を風靡した時代があった。片は、片方をいい、それは宿でいうところの、一泊二食の二食。その片方を表す意だった。つまりは一泊一食。その一食は朝食を指す。

京都らしい旅館に泊まりたいが、夜はお目当ての割烹なり料亭で食べたい。そんな願いを持つ旅人がいて、一方で京都には、古くから朝ご飯だけを出す宿が多く存在した。片泊まり。うまい言葉を見つけたものである。

商い上手な宿は、これ幸いと夕食をやめて、片泊まりの宿をキャッチコピーとした。あっという間に京都の街に片泊まり宿が溢れた。

起きたブームは必ず去る。やがて片泊まり宿という言葉が、マスメディアの口端に上らなくなった。和モダンの宿、おばんざいの宿、と看板だけを掛け替えて、生き残りを図る宿を横目に、変わることなく、真っ当に片泊まりを続ける宿の、なんと潔いことか。

その一軒がこの『其中庵』。円山公園の最奥にあって、変わらぬ人気を保ち続けている宿である。

部屋数はふたつ。どちらも落ち着きのある和室。取り立てて設えに特徴があるわけではないが、この宿の優れたるは、なんといってもその眺めにある。

ふた部屋とも、さほど広くはないが、それでも

其中庵

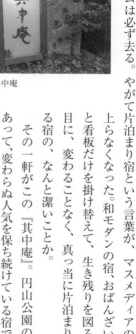

狭苦しさはまるで感じない。ひとえにそれは、眺望が開けているからだろうと思う。祇園、八坂神社の奥に広がる円山公園といえば、春は桜、秋は紅葉と、京都切っての名所である。それを眼下にできるのだから、悪しき眺めのはずがない。

閑静な地にあり眺めよき宿『其中庵』の、もうひとつの愉しみは朝食。いわゆる「京のおばんざい」が朝食に出されるのだが、素材といい、調理法といい、実に真っ当な「京のおばんざい」である。近頃は、京野菜のバーニャカウダや、京地鶏の唐揚げなど、京という文字がつくだけの、言葉だけの「京のおばんざい」が巷に溢れている。

吟味した素材を昔ながらの作り方、味つけで料理する、この宿の朝食は、それだけでも京の宿を謳う価値がある。数少なくなった本物の片泊まり宿。『其中庵』なら安心しておすすめできる。

61 三福《みふく》（京都）――温かく迎えられる鴨川沿いの宿

片泊まり宿をもう一軒。こちらもまた、その在り処が素晴らしい。京都五花街のひとつ、先斗町《ぽんとちょう》にあって、かつ鴨川を望む地に建っている。その名を『三福』という。

しっとりとした情緒が持ち味だった先斗町も、近年はいささか騒がしさが先に立ち、おとなが歩く街から少しく遠くなっているのが寂しい限りである。名店の呼び声が高かった老舗割烹や茶店も、いつしか創作ダイニングやカフェへとその姿を変えてしまっている。看板の色こそ抑えてはいるものの、およそ花街には似つかわしくない派手な文字遣いのものも多く、近頃では強引な客引きも横行し、そんな状況に地元では危機感をつのらせている。

車も通らぬ細い路地、先斗町を三条から下がってすぐ。東側に『三福』という控えめな看板が目に留まる。元はお茶屋だったというだけあって、艶やかな玄関の佇まい。入口横には「遊菴」という料理屋があり、宿の主人の娘婿が腕を振るう店だと聞いた。お目当ての店がなければ、ここで夕食を摂ってもいいだろう。

玄関から宿に入る。大仰な出迎えなどはない。京の知人宅を訪れたと思えばいい。姿が見えなければ声をかける。と、やわらかい京言葉で迎えてくれるはずだ。

部屋は五つ。一階と二階、通り側と奥に分かれる。一番のおすすめは二階の奥。鴨川を見下ろす部屋だ。

三福と先斗町の街並み

賀茂川も含めて、鴨川を間近に望む宿というのは存外少ない。かつては二条橋の畔に「ホテルフジタ京都」があったが、それも今や「ザ・リッツ・カールトン京都」へと生まれ変わった。覗き見る程度の宿が何軒かあるくらいで、この『三福』のように、目の前に鴨川が流れている宿はほとんど見当たらない。それだけでも貴重な宿である。

ところで、片泊まり宿に過剰な幻想を抱くことは禁物である。たいていの片泊まり宿がそうであるように、この『三福』もお手洗いが共用だったり、宿の中の物音が響いたりする。あるいは夜の門限が十一時と、存外早かったりするし、真冬の暖房もホテル並みにとはいかない。そういう、ある種の不自由さをも愉しめる、余裕のある方にしか、片泊まり宿はおすすめできない。

　鴨川を見下ろしながらのんびりと過ごし、夜はお目当ての店で夕食を摂ったら、早めに宿に戻り、また夜の鴨川を眺めて寝酒の一杯を愉しむ。ぐっすりと眠った翌朝は、心のこもった朝ご飯をゆっくりと味わう。そんな過ごし方を望むなら、この『三福』を除いて他には泊まるべき宿はない。

62 ウェスティン都ホテル京都「佳水園《かすいえん》」

――シティホテルで堪能する和と庭園の静寂

　明治生まれの祖父は「京都ホテルと都ホテル。京都にはホテルがそのふたつしかない」と言っていた。むろん他にもたくさんホテルはあるのだが、両雄だと言いたかったのだろう。

　その言葉を裏づけるように、多く、京都の名家はどちらかのホテルで結婚披露宴を開いた。それぞれに贔屓《ひいき》筋があり、うちは京都ホテル一辺倒だったが、都ホテルに足

「佳水園」　庭園

を運ぶ機会も決して少なくはなかった。

どちらも名前が少し変わった。京都ホテルは『京都ホテルオークラ』。都ホテルは『ウェスティン都ホテル京都』。両方共バックボーンが太くなったというわけだ。

東京、大阪と同じく、誰もが名ホテルとして認める京都のホテルは本書では数えないこととした。したがってここはあくまで「佳水園」としてのおすすめである。そんな名の日本旅館だと思っていただければありがたい。

部屋に通されて、誰がここをホテルの中だと思うだろうか。それほどに正しい数寄屋造りの日本建築である。それもそのはず、ここを企てたのは村野藤吾。

部屋だけではない、白砂の中庭もまた村野の企みである。

このホテルには七代目小川治兵衛の庭がある。岡崎界隈の別荘群と同じく、琵琶湖疏水を取り入れて滝に仕立てた名庭である。荒々しい自然にも見立て、立体的な造形は見飽きることがない。

それに沿うようにして村野藤吾は、岩盤を生かし、白砂と緑だけで庭を表した。醍醐三宝院に倣ったとも伝わる庭は、清々しくも美しい。庭師や禅僧には成し得ない庭だろうと思う。このふたつの庭を見るためだけに泊まってもいい。そう断じての名宿である。

蹴上という高低差のある、宿の立地を生かし、二十ほどもある部屋は、それぞれに趣や意匠が異なる。随所に村野の遊び心も見て取れ、それを探し出す愉しみもある。

ただホテルの中にある和風別館というような軽いものではなく、京都という地だからこそできた、類まれな旅館だと感じられる宿。酸いも甘いも、ではないが、京都を知り尽くした方にこそ泊まってほしい宿である。

63 からすま京都ホテル ——快適便利な街ナカ宿

外国人観光客の急増に対処するため、京都は今、すさまじいまでのホテルラッシュとなっている。続々と新しいホテルがオープンし、二〇二〇年の東京オリンピック需要を当て込んだホテル計画、建築中のホテルなどを合わせると、総客室数は一挙に数倍になりそうな勢いである。

加えてここ一、二年の民泊ブームもあり、従前のホテルは霞みがちになっている。いっときのインバウンドラッシュには連日満室続きだったホテルも、今は落ち着きを見せている。とはいっても、春秋の観光シーズンになると相変わらずの客室不足になるのだが。

外資系の超がつくような高級ホテルから、一棟貸しの京町家、ビジネスホテルまで、まさに百花繚乱の様を呈する京都の宿。どこがおすすめかとしばしば聞かれる。以前は、どこか空いていませんか、というお訊ねがほとんどだったから、少しは選ぶ余裕ができてきたということだろうか。

旅のスタイル、人数、予算によって変わってくるのだが、最近目立って増えてきたのが中高年のひとり旅。それも一泊や二泊ではなく、数日滞在して京都をじっくり見て回ろうという旅だ。

京都に数日滞在して、いろんなホテルを泊まり歩くというのも悪くはないが、効率を考えれば同じホテルに連泊するほうが圧倒的に有利だ。移動の時間、荷まとめ荷ほどきの手間が省けるし、気分的にも落ち着く。

からすま京都ホテル　ツインルーム

ただし、ホテル選びを失敗するとダメージが大きい。居心地の悪いホテルに何日も滞在するのは苦痛以外の何ものでもない。

そこでおすすめしたいのが『からすま京都ホテル』。伝統と歴史を誇る「京都ホテルオークラ」と同系列でありながら、価格はアッパービジネスホテルとさほど変わらない。

京都滞在を愉しむには、何にも増してアクセスのよさが重要になってくる。その点この『からすま京都ホテル』は四条《しじょう》烏丸《からすま》という京都を代表するビジネス街の中心にあり、地下鉄烏丸線の四条駅、阪急電鉄京都線の烏丸駅とほぼ直結していて、東西南北、どこへ行くにも便利な立地である。

JR京都駅からは、地下鉄烏丸線に乗り換えて四条駅で降りる。地上へのエレベーターを使うなら四番出口。徒歩なら六番出口。どちらからもホテル玄関までは歩いて一分もかからない。よほどひどい雨でない限り、傘要らずで辿り着ける。

アクセスのよさに加えて、もうひとつ。コンパクトながら、リニューアルされたばかりの客室は、すこぶる居心地がいいのもおすすめする理由である。

さらには、併設された地下一階の和食〈入舟《いりふね》〉と、二階にある中華レストラン〈桃《とう》李《り》〉もカジュアルな雰囲気で、しかし料理は定評ある本格派。リーズナブルな宿泊者専用メニューが用意されているのもうれしい。京都を旅するとき、つい見落としがちだが、館内にあるホテル直営の食事処は実に重宝な存在で、とりわけひとり旅には恰好の施設である。地下にあるバー〈アンカー〉も併せて使い勝手がいいのでぜひ覚えておきたい。

最近急激に増加しているアッパービジネスホテルに比べて、圧倒的な強みは歴史ある老舗ホテルの流れを汲む、きめ細かなサービスである。アッパーといえどもほぼすべてがセルフサービスになるビジネスホテルと違い、何かと気配りしてくれるホテルサービスは、旅の情緒を豊かに彩ってくれる。

アクセスよし、客室よし、食事よし、さらにはサービスよし、と四拍子揃った『からすま京都ホテル』。京都旅にはぜひともおすすめしたい。

64 ワインとお宿 千歳《ちとせ》（天橋立）

――五万本のワインセラーがある風光明媚な京都宿

京都というと、つい華やかな洛中洛外を思い浮かべるが、南北に延びる京都府の北には、日本三景のひとつ、天橋立《あまのはしだて》がある。

その昔、国産みの神であるイザナギノミコトが、イザナミノミコトに会うために架けた橋だともいわれ、若い人の間では縁結びに威力を発揮するパワースポットとして、近年人気を呼んでいるそうだ。

僕が子供の頃などは、文殊菩薩の霊場として知られる「文殊堂 智恩寺」へ参詣して知恵を授かる地として、天橋立は知られていた。それゆえかどうか、京都の小学生は多くが天橋立へ修学旅行に出向いたものだ。お伊勢さんか、天橋立。京都の子供たちは必ず、そのどちらかへ旅をしたはずである。

ＪＲ京都駅から山陰線「特急はしだて」に乗れば二時間ほどで、天橋立駅に降り立つ。駅を出て海に向かうと、左手に「智恩寺」の広い境内が見えてくる。何をおいてもまずはお参り。たくさん知恵を授かったら門前の参道を歩き、目指す宿へ。歩いて一分とかからず、左側に『ワインとお宿 千歳』の看板を見つける。ちょっと風変わりな屋号だ。

京都によくある「鰻の寝床」にも似て、間口は狭いが、奥行きは広い。玄関を潜り、奥へ進むと青緑色にきらめく運河が見え、その奥には天橋立の松並木が連なっている。「千歳」という屋号から和のイメージを浮かべるが、内装や調度はヨーロピアン調。もうひとつの屋号「ワイン」のほうが強いのだろう。

客室はこの本館と、通りを隔てた向かい側の別館とに分かれる。運河と天橋立の眺めを優先させるなら本館。屋根裏部屋のような凝った造りを愉しむなら別館。好みに応じて選び分ける。

どちらも泊まった僕には甲乙つけがたいところだが、あえていえば本館の海側三階の部屋だろうか。

部屋の名は〈黎明〉。部屋に入って左にシャワールームと洗面所、真ん前にツインベッドが並ぶ。奥に進むとリビングブース。ゆったりしたロングソファが二台。海を望む窓辺にはマッサージチェアが置かれている。四十五平米ほどはあるだろう。広々としていながら、居場所がはっきり定まって、極めて居心地がいい。

千歳　〈黎明〉の間

マッサージチェアのスイッチを入れ、リクライニングさせて、深々と背をあずける。ぼんやりと海を眺めていると、時折り運搬船が通っていく。実にのんびりとした時間だ。
檜風呂、岩風呂など四つの湯船が並ぶ天然温泉は〈美人の湯〉。湯上がりの肌がつるりと滑らかになるのを実感できる。いくつもの湯船に出たり入ったりを繰り返すうち、身体がどんどん火照ってくる。

温泉を堪能した後は、待ちかねた夕食。いよいよワイン。

この宿とワインの関わりを書けば、それだけで一冊の本ができ上がるほどに深い。セラーには五万本ものストックがあるということだけを書いておく。

湯上がりの火照りを冷ますにはスパークリングワイン。まずはキリリと冷えた泡で乾杯。料理は和洋折衷《せっちゅう》のコース。目の前の宮津《みやづ》湾で揚がった海の幸はお造りや、フレンチ風のソテーで。肉料理も出て、〆は手打ち蕎麦。はて、その間に何杯のワインを飲んだだろうか。この宿に泊まると、いつも部屋に帰り着いたことを覚えていない。

風光明媚、温泉に加えて、選りすぐりのワインと共に味わう美味なる夕餉。ここもまた京都の宿なのである。

65 茶六《ちゃろく》別館（宮津《みやづ》温泉）――素朴な日本建築で、蟹の贅を堪能する

京都府宮津市。同じ京都府にありながら、京の街中からは遠く離れ、日本海に面する街は、京の街がとうに失った侘び寂びを今に残している。

それを象徴するかのような宿が『茶六別館』。宮津湾の中にあって、穏やかな水面を望む海の畔に建つ。

古き良き宿の佇まい。まずは大仰にすぎない玄関口が好ましい。

うっかりすると通りすぎてしまいそうに控えめな表構えで、それは玄関を潜って板間に上がり込んでも続く。華美な装飾などは一切なく、磨き込まれた廊下や、よく手入れの行き届いた庭の佇まいが、遠来の客をやさしく迎え入れる。

庭園に囲まれ、中庭を包み込むようにして建つ宿は木造二階建てで、十一の客室はすべてが異なる設え。数寄屋造りを基本としながら、書院、茶室と変化があって愉しい。

部屋へと辿る道筋にある渡り廊下などは、べんがら石も使われ、なんとも艶っぽい造り。

案内されたのは〈井筒〉の間。遠くに天橋立を望む、海側の二階部屋。

壁一面に嵌め込まれた屏風絵が印象的である。框、敷居、床板に桜が使われ、落懸は

毎冬名物の、地がに堪能フルコース

百日紅《さるすべり》、欄間は透かし彫りの一枚板。普請好きには堪えられない見事な意匠。見事な設えと、穏やかな海の眺めに幾度もため息を吐き、ひと休みした後は、階下の大浴場へ。

あまり知られていないが、宮津には良質の温泉が湧き出ていて、無論のこと、この宿の大浴場にも温泉が引かれている。

風呂は二箇所。〈太郎の湯〉と〈小町の湯〉は時間によって男女が入れ替わるから、一泊すれば両方の湯を愉しめる。どちらにも露天風呂が備わっているが、青石を使った岩風呂風の〈小町の湯〉は格別の心地よさで、旅の疲れを芯から癒してくれる。

この温泉にはおもしろい名前がついていて、それは〈ピント湯〉。

——二度と行こまい　丹後の宮津　縞の財布が空となる

　丹後の宮津で　ピンと出した——

北前船の恩恵を受けて、大いににぎわった往時の宮津を彷彿とさせる。民謡宮津節の一節から名づけられた。〈ピン〉には最高、元気、お金などの意が含まれているといわれる。いずれにしてもありがたいことだ。

硫黄を含んだ塩化物泉。薄っすらと褐色に染まる湯は、幾分ぬるめなので、ゆっくりと浸かることができ、ほかほかと身体が温もり、冬でも湯ざめしないのがうれしい。と、ここまではいわばプレリュード。『茶六別館』のシンフォニーは、ここからがメイン・ムーブメント。

一年を通じて、旨いものには事欠かない宿だが、冬には食通垂涎の海の幸が食卓を華やかに彩る。

いわずと知れた蟹。宮津からひと山越えた、丹後半島の奥には間人蟹《たいざがに》で知られる間人の港があり、さらに西に行くと津居山《ついやま》港がある。

たとえば祇園辺りの割烹で、蟹料理が出てきたとしよう。これはどちらから？　と聞けば、料理人たちはきっと、このどちらかの名を答える。それほどに良質の蟹が揚がる漁場の近くで宿を構えるのだから、たいていはこの辺の蟹が食膳に上る。しかしながら、それは自然が相手の漁ゆえ叶わぬこともある。それでも目利きが選んだ蟹に間違いはない。

刺身でねっとり甘く、焼いてたっぷり旨みを含み、蟹酢となれば風格すら湛え、鍋に入れれば出汁の旨みまで沁み込み、いつしか口の中で蟹が躍り出す。

清冽なようでいて、どこか濃淳な雅味をも含み、蟹とは、かくも複雑な味わいをもたらすものかと、心を昂ぶらせ、丹後の銘酒「酒呑童子《しゅてんどうじ》」を合いの手に、蟹三昧の宴が続く。

冬の味覚の王者ともいえる蟹を相手に、真っ向勝負を挑むのが寒鰤《かんぶり》。薄造りにして碧く爽やか、鰤しゃぶにして艶やか。蟹と鰤の競演は、この宿ならではの贅沢。

夜はしんしんと更け、庭に海風が吹き渡る。昏く深い海からの贈り物を味わい、ピント湯で身体を温める。

丹後宮津の宿『茶六別館』で過ごす冬の一夜は、深く深く心に沁み入る。

66 比良山荘《ひらさんそう》――鮎料理のプロもここの鮎を食べに来る、美食の宿

京都の北部と琵琶湖を隔てる壁のようにして、比良山系が連なっている。「近江八景」のひとつ「比良の暮雪」としても知られる景勝の地だが、最高峰の武奈ヶ岳は標高千二百メートルを超え、近畿地方では高山の部類に入る。

中学校のときにワンダーフォーゲル部に所属していたので、武奈ヶ岳をはじめ、比

良の山々はおおむね登っているが、ハイキング気分で登れる山もあれば、険しい峰もあり、変化に富んだ山登りが愉しめるとして人気を呼んでいる。

比良山といって、かかる山々を思い浮かべる一方で、その地の利を生かした美食の宿を浮かべる食通たちも少なくない。その名もズバリ『比良山荘』。

京都駅から車で辿るとなれば、一時間はみておく必要がある。鯖街道を遡る。高野川に沿って北上し、大原の里を過ぎ越し、途中峠を越えて県境をまたぎ、葛川の里に入って、ようやく辿り着くのが『比良山荘』。

滋賀県大津市に属し、比良という名を冠してはいるが、どことはなしに、京の風情も湛えている。

京都に住まう者にとってここは、宿というよりは料理屋として認識している。春先の山菜から、冬の〈月鍋〉まで、一年を通して、山里ならではの美食を味わえるが、分けても初夏から初秋までの鮎料理は傑出していて、鮎の解禁を待ち侘びた京の食通たちが、こぞって比良詣でを始める。

多忙のせいでしばらくご無沙汰しているが、二十年以上も前から、毎夏、鮎を食べに『比良山荘』へ出向くのを恒例としていた。通常の季節懐石もあるのだが、この宿には〈鮎食べ〉という料理がある。とにかく鮎を食べたい、というリクエストから生まれた料理。僕は塩焼きが一番好きなので、小ぶりのを八匹、などと事前に頼んでおくのである。

ずいぶんと前から、この宿の鮎はよく知られていて、食べに行くと、決まって何人かの料理人と出会った。京都市内で鮎料理を出す店の主人までもが、いそいそと出向くのだから、ここの鮎がいかに旨いかがおわかりいただけるだろう。鮎そのものもだが、その焼き加減が絶妙で、鮎を食べた、という実感が得られる。

鮎が終わり、秋も深まってくると松茸。鮎と同じく焼きがメイン。焼き松茸を目当てに、また比良へと足を運ぶことになる。

最近になって人気が高まっているのが〈月鍋〉。冬眠前の月輪熊をすき焼き風に食べる、この宿でしか味わえない希少な鍋料理。

たっぷりと脂ののったロース肉だが、後口は存外すっきりとしている。芹や葱と一緒に食べればまさに口福のひととき。余韻を味わう間もなく、また長い道中を経て京都市内まで戻るのももったいない。

奥深い山里にあるとは思えないほど瀟洒な造りの部屋は、洛中の老舗旅館と比肩しうる空気を漂わせている。木造りの風呂も心地よく、何より夜の静けさといえば、紙一枚が畳に落ちても気づくほど。山の恵みを味わって、山の空気を堪能する。かけがえのない一夜になることは間違いない。

67 ホテルボストンプラザ草津 びわ湖

——ビジネス価格帯で泊まれる贅沢なホテル

滋賀県草津市。JR草津駅の真ん前に建つホテル『ホテルボストンプラザ草津 びわ湖』は、その立地の優れたること、ビジネスホテルとシティホテルの、両方のよさをうまくミックスしているところ、そして何よりハートフルなサービス、その三点をもってして名宿としたい。

京都駅からJR東海道線（琵琶湖線）に乗れば、二十分と少しで草津駅に着く。つまりは限りなく京都に近いということ。京都観光の宿としても充分可能。むろん、近江観光ならなお一層。湖東を巡る足場として好立地にある。そしてホテルは駅のすぐ前にあるから、傘要らず。一分ほどでフロントまで辿り着ける。

アクセスの次は設備仕様。価格帯からいけばビジネスホテルの範疇に入るだろうが、部屋はシティホテル並み、あるいはそれを上回る快適さを備えている。

僕の一番のおすすめルームは新館のデラックスシングル、ビューバスタイプである。

二十平米の広さにラージベッド、ベンチソファが備わる。特筆すべきはビューバス。

窓際にトイレがあり、その隣にバスルームというセパレートタイプ。そのバスルームからは草津駅を見下ろすことができ、頻繁に線路を行き交う列車が見える。いわゆるトレインビューである。かつ、このバスルームには洗い場があり、スピーカーも天井に埋め込んである。ベッドルームとはシースルーガラスで仕切られているので、音声をスピーカーから、画面はガラス越しに、ということも可能。ジャックがついているので、ｉＰｏｄを繋

ホテルボストンプラザ草津 びわ湖　客室

げば、好きな音楽を聴きながら、お風呂タイムを愉しむことができる。このバスルームの充実度だけでも泊まる価値があるが、ホテルの名に示されている通り、最もアメリカらしい都市、ボストンをイメージしたインテリアも居心地のよさに一役買っている。

ホテルオーナーがJ・F・ケネディに憧れてのことだと聞くが、ボストンと京都市とは姉妹都市でもあり、関西とも縁が深い街。

他に類似性を見ない個性的なホテルには、マニュアル一辺倒にならないハートフルなスタッフがいるのも当然の成り行きだろう。草津はもちろん、琵琶湖のこと、湖東のこと、果ては京都のことを尋ねても、誠実に答えてくれ、不明な点があれば徹底的に調べてくれる。そんなことも、このホテルをおすすめする所以である。

68 料亭旅館 やす井 ——食べるために泊まる宿

かつては、京都を筆頭に、多く存在した〈料亭旅館〉。次々と姿を消し、今や貴重な存在となってきた。

基本は料亭なのだが、宿泊することもできる。いってみれば和風オーベルジュ。旅館と名がついてはいるが、主体は料理。近隣の客は料理に舌鼓を打って、そのまま店を後にする。

しかしながら、料理の余韻をじっくりと味わうには、そのまま泊まるのが一番。そんな料亭旅館は、京都にあっては次々と姿を消し、なんとも寂しい気分にさせられているのは、きっと僕だけではないだろう。美味を極める料亭と、安らぎを極める旅館の両方を並び立たせることは、難しい時代になったのだろうか。

京のお隣。近江にはまだ料亭旅館という文化が残っていると聞き、早速足を運んでみた。

近江彦根の地にあって、明治二年創業という老舗料亭旅館『やす井』の世評はすこぶる高い。旅館通、食通の両方からその名を聞くこと幾たびか。

JR東海道本線の彦根駅のほど近く。立派な門構えと悠然たる暖簾が客を迎える。

彦根といえば井伊家。その井伊家から〈井〉の一字を拝領したという、由緒正しき宿。

わたくし事で恐縮だが、僕の祖も彦根の出身で、井伊家から〈井〉の一字をいただいて柏井としたと聞いている。この宿に親しみを感じるゆえんである。

客室の数は全部で九部屋という。宿としては小規模だが、それだけに細やかなもてなしを受けることができる。

やす井　繊細な素材の味

案内されたのは〈囲炉裏の間〉。廊下の突き当たりにあって、その名の通り囲炉裏が印象的な客室。本間が十畳、次の間が八畳、さらにツインベッドが置かれた八畳ほどの洋間。三間続きの広々とした客室は外観からは想像しづらい。いわば特別室だから、居心地が悪かろうはずがない。駅に近いにもかかわらず、奥まっているせいか、実に静かで伸びやかに過ごせる。

部屋つきの檜風呂もいいが、露天風呂を備えた大浴場もあるので、まずはそちらで湯浴みをし、夕餉に備える。

さて待ちかねた夕食。

経験豊かな料理長が厳選した食材を、繊細な技で仕上げる。舌で味わい、目で愉しむ。さすが井伊家ゆかりの料亭だけあって、膳の上に品格が漂う。

雄大な琵琶湖のすぐ傍らに建つ宿ゆえ、湖魚の数々は新鮮さを保ち、その深い味わいに思わずうなってしまう。近江牛やキノコ、山菜と、里山の恵みも相まって、料亭旅館の名に恥じない料理が続く。優れた近江の和風オーベルジュ。

69 湖里庵《こりあん》（海津）――文豪が愛した熟れ寿しの伝統

日本料理の店に冠するのは躊躇《ためら》わなくもないが、やはりこの店にはオーベルジュという言葉がふさわしい。旨いものを求めて店に行き、夢を覚ますことなく、そのまま泊まってしまいたくなる。それを叶えてくれる希少な宿。それが『湖里庵』。

その名を聞いて、お気づきになった方も多かろう。名づけ親は遠藤周作である。

宿がある近江海津は桜の名所として知られるだけでなく、奥琵琶湖の神秘に満ちた伝説、悲哀に包まれた歴史の残る街としても名高く、きっと小説の題材を求めてやってきたのだろう遠藤周作は、この宿の有り様をいたく気に入り、名づけ親となったのだそうだ。

奥琵琶湖、海津にある川魚の店「魚治」が母体である。「魚治」といえば何といっても鮒寿し。寿司の原型ともいわれる鮒寿しはこの「魚治」のものをもって最上とする。多くの食通たちはそう断言する。

発酵を極めた熟《な》れ寿しゆえ、当然ながら好き嫌いはある。というより、これだけは苦手という人も多い。だが、そんな人たちにこそ食べてほしいのがこの「魚治」の鮒寿しであり、『湖里庵』で出される鮒寿し懐石。

パンに挟んだり、お茶漬けにしたり、と、なんとかして鮒寿しを、できるだけ多くの人に食べてもらおうと創意工夫を重ねた懐石料理は、驚きの連続であり、かつ美味の連なりである。

多くを作り上げ、名声を一層高めた後、急逝した六代目の後を受け、当代の七代目は京都嵐山の料亭で修業したというだけあって、京料理にも通じる洗練をもってして鮒寿し料理と真っ向から向き合う。

海と同じくらいに深く、そして広い琵琶湖。その湖面はいつも静かで、さざなみすら立てない日が多い。そんな鏡のような湖を間近にしながら鮒寿しに舌鼓を打ち、夜の帳が下りたら、微かな水音を耳にして、深い眠りに就く。

宿に歴史あり。その歴史が積み重なってこそ、美味にも宿にも深みが出る。そんな思いを巡らす宿である。

70 紅鮎《べにあゆ》（尾上《おのえ》温泉）——鮎、鴨、鰻を湖北の地で味わう

京都に連なる街は大阪と神戸。京阪神と呼ぶ。都会ならそうなるのだが、歴史的にいえば、京、近江、奈良となる。京阪神のような呼び名がないからか、三府県の結びつきはさほど強くない。僕などは、京都だけでなく、近江や奈良と合わせて観光した方が、より理解が深まるだろうと思うのだが、どの自治体も連携して観光を推進しようとはしない。

それぞれにプライドが高いせいかとも思うが、古寺、古刹ばかりだと飽きるせいも

あるのかもしれない、とも思う。不思議なことに、近江も奈良も、目立った温泉が少ない。湖西には雄琴という温泉地もあるが、一旦染みついてしまったイメージはなかなか拭えない。男ひとり旅で雄琴温泉へ、などとは声を高くして言いづらいものがある。

紅鮎のボク鍋

湖北の地。長浜と余呉湖のちょうど中程の湖岸に尾上温泉という小さな温泉があり、そこに『紅鮎』がある。奥琵琶湖と呼ぶこともある地は、古くは合戦の場ともなった。それゆえ、傷を癒すために湧き水を使い、その効果から温泉を見つけたという例も多い。おそらくはこの尾上温泉もそのひとつだろうと思うのだが、正式に温泉と認められたのは意外と新しく、昭和三十三年のこと。

僕は温泉通ではないので、温泉そのものについては詳しくない。だから、尾上温泉がいくぶん温度が低いので「単純温泉」だといわれても、その意味がよくわからない。ただ、この湯に浸かると、湯上がり、肌が清涼感に包まれるのと、ぬるりというより、つるりとした感触になることだけはたしかで、見た目の黄金色も相まって、僕には効くような気がするのだ。そして、おもしろいのは、大浴場より、十数室ある客室に引かれた温泉の方が、より効果が高いといわれていること。どうやら過装置にその訳があるようだが、それもまぁ、僕には大きな問題ではない。部屋つきの小ぢんまりした風呂も悪くないが、広々としていて、沖合に竹生島《ちくぶ》を眺めながら湯浴みのできる〈来福の湯〉がいい。

夏場の鮎、冬の鴨と、季節ごとに味わいは異なるが、ほぼ通年愉しめる〈ボク鍋〉がおすすめ。相当な食通でも〈ボク鍋〉がどんな鍋物かはご存じない。いってみれば鰻鍋。出汁を張った鍋で鰻の切り身を煮ながら食べるもので、湖北地方に伝わる郷土料理のこと。「ボク」は太い木を「ボクタ」ということから派生したと思われる。

運がよければ琵琶湖産の天然鰻に出会えるが、養殖鰻とてその味わいは負けてはいない。鰻好きの僕はときどき家でもこれを真似て食べる。なかなかに味わい深い逸品である。

琵琶湖を望む温泉。湖北ならではの郷土の味。質の高いもてなし。湖岸随一の温泉旅館である。

71 ホテル・アゴーラ大阪守口《もりぐち》

――ルームサービスが愉しい、関西観光の新拠点

かつては守口プリンスホテルといい、その後守口ロイヤルパインズホテル。そして新たにホテル・アゴーラ大阪守口となった。

秋ただ中の三連休を挟んで、数日間籠もってみた。光文社新書『京都 冬のぬくもり』でもご紹介したように、京都観光のサテライトホテルとして、有効活用をおすすめするが、新たに大阪駅周辺の活気を愉しむにも最適のロケーションであることを強調したい。

京阪本線、大阪地下鉄谷町線の駅も近く、とりわけ京阪の守口市駅はすぐ目の前。電車に乗れば大阪市の中心地までは、ものの十分もあれば辿り着ける。

大阪駅周辺、梅田界隈は今や、日本を代表する一大商業地。阪急デパートを筆頭に、

巨大なデパートがいくつも集まり、およそないものはない、といえるほどに、さまざまな商品が溢れ返っている。寺社を中心とした京都観光とは対照的な大阪のにぎわいも、ぜひつぶさに見てほしい。ウィンドウ・ショッピングだけでも充分愉しめる。西に大阪、東に京都。そしてその間には伏見稲荷や東福寺といった名所も点在する。関西観光の拠点として、大いに活用したいホテル。

今回の部屋は十階に用意してもらった。スーペリア・フロア。スタンダード・フロアに比べると、いくらか割高ではあるが、それに見合うだけのサービスが伴うので、ぜひともこちらの階をおすすめしたい。

チェックインしてまず目に飛び込んでくるのは、窓外の眺めである。広々とした大阪平野には、遠くにビルが、さらにその向こうには山々が。値千金の眺めは健在だ。終日外出していて、部屋にいるのはほとんど寝る時間だけ、という場合ならいいが、僕のように、ほぼ丸一日を客室で過ごす旅人にとって、窓からの眺めというのは極めて大切な要素である。目の前がすぐ隣のビル壁であったり、向かい合う窓からこちらを見られるのは困る。いくら空は晴れていても、曇天のように感じて、気分が曇ってしまう。

窓は南側に向かって開けている。右手には京阪本線の線路がわずかに覗き、その奥には大阪の中心地である梅田近辺の高層ビルが見える。左手には生駒山麓が控え、その間には多くのビルや民家が建ち並び、鶴見緑地などの緑もところどころに点在している。

アゴーラ大阪守口　エントランス

山並みと同じ高さの空を、飛行機がゆっくりと左から右へと飛ぶ。少しずつ高度を下げていくから、伊丹空港を目指しているのだろうか。夜ともなれば高層ビルの灯りと、飛行機の赤色灯が点滅し、大都会ならではの眺めも得られる。

眺望だけではない。このホテルには、かつては必ずといっていいほどに存在し、今や多くのホテルから消え去ったものがいくつか残されている。

ひとつにBGM。ベッドサイドテーブルのスイッチを入れれば、心休まる静かな音楽が流れる。室内楽やピアノ曲を聴きながら飲むコーヒーは格段に旨い。雑音だらけのテレビを消して、流れるBGMに包まれてこそ、ホテルの客室だと思う。多くのホテルに倣ってほしいものだ。

ふたつに固形石鹼。これもまた以前は多くのホテルが採用していた。切手二枚ほどの小ささで、板チョコくらいの薄さだが、紙包装を解いて手に取ったときの贅沢感は、これもやはりホテルならではのものであった。

エコロジーを旗印に、今やほとんどのホテルが壁付ポンプ式のボディーソープのみ。良質のシャンプー、コンディショナー、ボディーローションと一緒に、ソープディッシュに置かれた固形石鹼がうれしい。使い残しは大切に持ち帰る。と、家で使うとき、決まってこのホテルのことを思い出す。アメニティグッズはスーベニールであり、ホテルにとっては、格好のPR材料になる。

そして、三つ目がルームサービス。僕は、列車の食堂車と同じくらいに、ホテルのルームサービスが好きだ。なんだかワクワクするではないか。両方共に消えゆく運命にあるのが寂しい。

列車の方は今や、一部の寝台列車のみ。ホテルはといえば、むろん高級ホテルでは健在だが、その価格は、いささか常軌を逸している。それも、まぁ、ホテルならでは、だと思わなくもないが、ビーフカレー一皿に三千円を超えて支払うのは、ちょっと馬鹿馬鹿しい。

そこでこのホテル・アゴーラ大阪守口。以前のメニューを踏襲して、適価で部屋まで持ってきてくれるのはうれしい限り。

五目あんかけ焼きそば。セットで千五百円は極めてリーズナブル。しかも火傷しそうなほど、熱々で、実に美味しい。極細麺にオイスター味の餡が絡んで、野菜もたっぷりなら、鶏と海鮮もしっかり入る。唐揚げと春巻きも熱々で、このセットなら、普通のレストラン価格。

ホテル中華の真骨頂。十九時半。忙しい時間帯だろうに、部屋の電話でオーダーしてから、わずか十一分で届いたのもありがたい。黒服を着た年配の男性スタッフが、急ぎ足でテーブルにセットしてくれる。ちょっとした執事つきの気分だ。

メニューをじっくり眺め、さて明日は何を食べようかと迷う。愉しきかな、ホテルの夕餉。惜しいことに、リブランドしてから間なしとあって、今のところ、ルームサービスが可能な日は限られているようだ。早期に全面復旧されんことを強く願う。ルームサービスでこの旨さだから、和洋中揃う食事処の味はすべて折り紙つき。それらを結集した朝食ブッフェでも、その片鱗をうかがい知ることができる。

白眉ともいえるのが、このホテルの鮨。「こよみ」と呼ばれる日本料理屋の中にあるカウンター席では、極上の江戸前鮨を味わえる。

アクセスよし、眺めよし、もてなしの心よし。三拍子揃ったホテルはまことにもって使い勝手がいい。

72 有馬山叢《さんそう》 御所別墅《ごしょべっしょ》 ――サーマルスイートという居場所

神戸市北区。県庁所在地にこれほどの名湯が湧出しているのは、極めて珍しい。日本三大古湯、さらには日本三大名湯、その両方に名を連ねる有馬温泉は、新幹線なら新神戸駅から車で二十分ほど、という便利な場所にある。関西の奥座敷とも称され、関東にたとえるなら、さしずめ箱根辺りになるのだろうか。大阪梅田からも直通バスで約一時間。日帰り入湯も充分可能な距離にある便利な温泉だが、せっかくだから、のんびりと一泊したいところだ。

都心から近いというメリットは、裏を返せば土地代も高く、宿泊料金も割高になるということは、箱根に例を取るまでもなく自明の理。さして広くもない部屋、そこそこの料理でも、決して安くはない料金を請求されるのは、都会から近い「奥座敷」の宿命でもある。

御所別墅　ヴィラタイプの客室

海を見下ろす高台に位置する新神戸駅からすぐに長いトンネルに入る。これを抜けると一気に山景色に変わる。いくつかのカーブを曲がり、太閤秀吉ゆかりの橋を過ぎ、情趣溢れる温泉街を通り抜ける。やがて見えてくるのが六甲山に通じるロープウェイの乗り場。そのすぐ近く、有馬温泉の最奥といっていい場所にあるのが『有馬山叢　御所別墅』。緑豊かな千四百坪を超える敷地にわずか十室だけのスイートルームを備える宿である。

有馬温泉で長い歴史を持つ「御所坊」が新しく開いた宿は、エキゾティックな神戸にふさわしく、東洋と西洋の融合を目指す。「御所坊」グループの宿展開は明確なヴィジョンの下に行われていて、「御所坊」を旗艦とし、ツインベッドをメインにしたホテルタイプの「花小宿」と一棟貸しの別荘タイプ「アブリーゴ」がある。それらの中で『御所別墅』はオールスイートタイプの迎賓館的存在だ。

長く続く板塀の少しの隙間に控えめな門が造られていて、この辺りは東洋的な抑制を見せるが、エントランスを潜りフロントデスクの後ろに控えるワインセラーの存在感は、ヨーロッパの、それもオーストリア近辺のプチホテルを思わせる。吹き抜けになった高い天井は緩やかな傾斜で重厚感を醸し出す。

本館を抜けると通路は一転して、枯山水のような石畳が奥へと延びていて、離れ形式になったサーマルスイートルームへと誘う。ⅠからⅩまでローマ数字でナンバリングされた客室はすべてが百平米という広さ。

サーマルスイートという名の由来でもある、サーマルルームとは、体温とほぼ同じ三十六度前後に保たれた岩盤浴室のこと。テレビを見ながら、あるいは読書をしながら、じんわりと汗ばむひとときを愉しむ。喉が渇けば、ルームサービスのシャンパーニュを。サウナのような息苦しさがない分、長居できる。奥まった別荘地に建てられた宿ならではの静寂を、時折り破るのは野鳥のさえずり。あまりの心地よさについまどろんでしまう。このサーマルルームこそが、『御所別墅』最大の売り物。他の高級旅館と一線を画すポイントだ。つまりはゲストの「居場所」を明確にすることを主張しているのである。

ただただ広いだけの部屋というのは、存外居場所を見つけにくいものだが、この宿では、ベッドルーム、ソファ、テーブル、デスク、パウダールームとメリハリのきいた客室構成になっているので、さまざまなスタイルで過ごせる。LAN接続できるパソコンも、DVD大型液晶テレビも備わっているから、退屈することもない。もっとも、リゾートにこうした現代的な日常を持ち込むことには、賛否両論あるだろうが。

食事は本館のレストランで摂る。温泉旅館には珍しくフレンチスタイルのディナーはテーブルでもいいが、緑豊かな木々を間近に望むカウンター席がおすすめだ。

山家南蛮料理と名づけられた夕食は、有馬近郊の野菜をメインに据え、日本を代表する名牛、但馬牛や、瀬戸内の明石浦、日本海浜坂に揚がる海の幸と、これ以上は望むべくもない食材を揃え、正統派のフレンチでアレンジする。無難にブルゴーニュを合わせるか、勝沼でチャレンジするか、ソムリエと相談するのも愉しい。温泉とカウンターフレンチ、新たな旅館スタイルの誕生だ。

73 シーサイドホテル 舞子《まいこ》ビラ神戸

――瀬戸内海を望む、本州の絶景リゾート

アーバンリゾートという言葉が飛び交い始めて久しい。都会からすぐ近くにありながら、リゾート気分を味わえるところ。首都圏でいうなら、山は箱根、海は三浦半島といったところだろうか。

近畿でいえば琵琶湖周辺、有馬六甲山辺りが思い浮かぶものの、首都圏に比べるといかにも貧弱で、めぼしい宿は数えるほど。選択肢は狭い範囲に限られてしまう。

仕事終わりに直行し、二泊ほども愉しんでリフレッシュできるのがアーバンリゾートの強み。まずはアクセスのよさが第一の条件だ。

都心からさほど離れておらず、アクセス至便となれば、最も気になるのは眺望だ。アーバンリゾートらしさを演出してくれるのは、一にも二にも眺望である。宿にチ

エックインして、部屋から絶景でも望めれば来た甲斐があるというもの。都会に近い絶景。広々とした海が目の前に広がっていれば、日頃の疲れもいっぺんに吹き飛ぶ。日本海や太平洋はいささか遠い。近畿圏で最も馴染みの深い海といえば間違いなく瀬戸内海だ。

舞子ビラ神戸

その瀬戸内海に架かる橋も同時に視界に入れば、海の眺めにも変化が生まれる。たとえば明石海峡大橋。本州と淡路島を繋ぐ橋だ。

橋の本州側の畔に舞子という地があり、その高台に建っているのが『シーサイドホテル 舞子ビラ神戸』。海と橋を間近に望む絶景の宿である。

このホテルの何がすごいかといえば、すべてのレストラン・バーから橋の絶景を得られること。客室然り。ブリッジビューホテルと呼びたくなるほど、一部を除いたほとんどの客室から橋と海が望める。

近畿圏からに比べて、首都圏からのアクセスが不便なように見えるが、山陽新幹線を使えば、存外容易く辿り着ける。山陽新幹線の西明石駅から在来線に乗り換えて十分ばかりでＪＲ舞子駅に着く。歩くと十分ほどかかるが、無料のシャトルバスがあるので、それに乗ればあっという間だ。


——海と橋が見えるホテル——


そんな予備知識を持っていても、初めてこのホテルを訪ねたときは、あまりの絶景に息を呑んだ。

圧倒的な迫力と美しさに誰もが感動するホテルはまた、美食を極めた宿でもある。つまりは絶景と美食を同時に愉しめる宿なのだ。

昂ぶる気持ちを抑えつつ、まずは客室で荷を解く。和洋様々なタイプがあるが、僕の気に入りは本館のデラックスツイン。オーシャンビュー、ブリッジビューの広いバスルームがついている。

円形のバスタブに湯を張り、ゆるゆると身を沈めると、目の前に巨大な橋が大迫力で迫ってくる。そして、目を下に落とせば、穏やかな瀬戸内の海が横たわり、波間にたゆとう小舟が、夏の日差しを受け、きらきらと輝く。

このバスタイムは、ぜひともトワイライトタイムにとっておきたい。橋の向こうに沈む夕陽を眺めながらの湯浴みなど、滅多に得られるものではない。

海に陽が落ちる寸前に湯から上がり、最上階にある〈キーウエスト〉のカウンターへ急ぐ。

空は青く染まり、やがて妖艶な紫へと色を変える。巨大な橋は、その優美な曲線に沿って灯りを点し、刻々とその色も変える。

一方で漆黒に沈んだ瀬戸内の海は、あくまで穏やかに、静かに水を湛え、時折り行き交う船の灯りを映す。

ただただその絶景を眺めるだけでも充分なのだが、それを間近にしながら、この地兵庫の美食を満喫できるのだから、これ以上の贅沢はない。

テーブル席でもいいが、ひとり、ふたりならカウンター席がおすすめ。とりわけ、ふたりで夜の海と橋を眺めながらのディナーは、深く心に残る。アラカルトも豊富で、使い勝手のいいバーレストランである。絶景と一緒に味わうと愉しみは倍増する。

一泊でもいいのだが、これだけ食のバリエーションが豊かなので、できれば二、三日滞在することを強くおすすめしたい。僕などはいつも三泊か四泊して、レストランを順に巡っている。

和食の〈有栖川《ありすがわ》〉なら寿司カウンター、中華の〈壺中天〉なら窓際のテーブル席、テラスレストランの〈サントロペ〉はガーデンビュー。どこにいても雄大な橋を間近にしながら美食を愉しめる。

絶景と美食を同時に愉しめるホテル。思い立ったらすぐ出かけられるアーバンリゾートだ。

74 ホテルアナガ（淡路島）

——淡路島、アクセス至便のアーバンリゾート

島には違いないのだが、実際に訪ねてみると、島という実感は少ない。それほどに淡路島は大きい。明石海峡大橋を渡り、ただひたすら南へ。やがて四国徳島が目の前に迫ってきたとき、渦潮を望む海辺に忽然と現れるのが『ホテルアナガ』だ。「アナガ」

は阿那賀、れっきとした地名である。

大鳴門橋を間近に望み、穏やかな瀬戸内の海に抱かれるように建つ『ホテルアナガ』は関西を代表するアーバンリゾート。本書の取材で沖縄を訪れた帰途、関空に着陸間近の機内から、この宿の全容がくっきり見えた。これ以上望むべくもない立地であることを空から確認した。

ホテルアナガ　プールを望む

神戸からなら一時間と掛からず、大阪からでもさほど遠くない。こんなアクセス至便な場所に、世界的なリゾートホテルの証「ルレ・エ・シャトー」メンバーのホテルがあることは、つい忘れがちだ。

フランスを発祥とする「ルレ・エ・シャトー」メンバーの宿は日本ではたった七軒のみ。それほどに厳しい基準をクリアしたホテルというだけで、この宿の真価がわかろうというもの。

ここ数年、星の数がどうのこうのと喧しいが、この「ルレ・エ・シャトー」メンバーは、それらのガイドブックとは一線を画し、レヴェルの違いを、まざまざと見せつけている。

充実した設備、格調を保つ接客、正しいリゾートホテルには当然備わっているべきものだ。泊まればわかる、それが唯一の星印だ。

客室は全室オーシャンビューで、どちらもゆったりとした広い造りの部屋。開放感溢れるテラスからの眺めが心を癒してくれる。部屋でのんびり過ごすのもいいが、さまざまなアクティビティが用意されているホテル。部屋を出て、海を眺め、空を見上げてオープンエアを満喫したい。

このホテルのシンボルともいえる〈ガーデンプール〉は芝生に囲まれ、優雅な大人の雰囲気。夏場なら〈プールバー〉もぜひ。

オールウェザータイプのオムニコートを三面備えたテニスコート、パターゴルフ、海の遊歩道、と、ホテルの愉しみは尽きないが、とっておきとなると、やはりプライヴェートクルーズだろう。ホテル専用のクルーザーで、シャンパーニュやカナッペ片手に渦潮見物。これぞリゾートホテルのラグジュアリータイムだ。

島宿は本来、孤島の趣を濃くし、日常との疎外感を望むものではあるのだが、アーバンリゾートとなると話は別だ。平日、仕事を終えてからの旅もあれば、泊まった翌朝、仕事場に直行というケースも少なくない。ビジネスを忘れたいが離れがたい、そんな向きにはLAN接続できる部屋がありがたい。ガーデンプールでひと泳ぎした後、部屋でメールチェック。これもまた新たなリゾートホテル像だろう。

陽が落ちて愉しみは食と酒。だが悩ましいことにこの『ホテルアナガ』にはふたつの選択肢がある。淡路ビーフをメインに据えたフレンチか、はたまた淡路近海の幸を使った日本料理か。さんざ迷った挙句選んだ日本料理は握り鮨。そんなわがままを叶えてくれるのも、筋金入りのリゾートホテルならではのこと。アーバンアイランドは素敵だ。

75 西村屋本館《にしむらや》（城崎《きのさき》温泉）——江戸安政から続く日本を代表する名旅館

温泉天国日本には、数え切れないほどの温泉地がある。奥山の秘湯、海辺の絶景温泉、渓流沿いの爽快温泉。一軒宿もあれば、ぎっしりと宿が軒を並べる温泉地もある。それぞれに愉しみ分ければいいのだが、僕が一番惹かれるのは、外湯めぐりのできる温泉街だ。

浴衣がけで、宿の下駄を履いて、カラコロ、カラコロと足音を響かせ、温泉街をそぞろ歩く。

土産物屋を覗き、菓子屋の店先に並ぶ温泉まんじゅうを買い求めて、頰張りながら歩く。目についた外湯の暖簾を潜ると、温泉気分はいやがうえにも高まる。

旅のスタイルが変化したのか、個人の嗜好が様変わりしたせいか、近年は温泉街が寂れていく傾向にあるのは、いかにも寂しい限り。そんな今の時代にあっても、外湯めぐり発祥の地ともいえる城崎温泉は、そぞろ歩きを愉しめる温泉街として、温泉好きの人気を集めている。

川沿いに並ぶ昔ながらの商店や、七つの外湯のいくつかを巡りながら歩く。川がカーブを描き、その流れが変わる角を曲がれば、いかにも長い歴史を重ねてきただろうことが見てとれる宿が、威風堂々たる姿を現す。

これが城崎を、というより日本を代表する名旅館『西村屋本館』である。

江戸安政期の創業というから、ゆうに百五十年を超える歴史を持つ宿。日本旅館の門構えは、かくあるべし、というお手本のような玄関を潜り、ひとたび敷地に入ると、時空を超えて、別世界へと誘われる。

よく手入れの行き届いた日本庭園を散策できるのがうれしい。近頃流行りの、お籠り宿と違って、客室以外のパブリックスペースが充実しているのも、歴史ある宿ならではのこと。日本庭園を眺めながら、ゆったりとした時間を過ごせるロビーラウンジ〈青月盧〉や、宿ゆかりの文人たちが愛した文房四宝を陳列した〈展示室〉など。

西村屋本館

湯を愉しむ合間に、目を喜ばせ、心をも満たしてくれる空間で遊ぶのも『西村屋本館』の醍醐味。
とはいえ、宿においては最も多く時間を過ごすのは客室である。その肝心要の客室もまた、老舗旅館ならではの充実度を見せてくれる。
小ぢんまりした一間から、露天風呂を備える特別室まで、さまざまなバリエーションで、あらゆる客のニーズに応える。
多くの部屋から日本庭園を眺められるのもうれし

いところだが、分けても名建築家として名高い、平田雅哉が手がけた〈平田館〉がいい。

昭和を代表する数寄屋建築は、今も清新さを保ち、美しさを際立たせている。

湯浴みの後、陽が落ちて、待ち受ける愉しみといえば、夕餉をおいて他にない。冬場ともなれば日本海の至宝ともいうべき松葉蟹が食卓を飾るが、但馬牛をはじめ、海山の幸に恵まれた地ゆえ、四季を通して舌を喜ばせてくれる。

外湯巡りと、宿の中での愉しみ。城崎の『西村屋本館』で過ごす至福のひとときは、何ものにも代えがたい。

76 ホテルクレール日笠《ひがさ》（姫路）——斬新な試み輝くビジネスホテル

姫路といえば、誰がなんといおうが姫路城。世界遺産にも登録されている名城は別名白鷺城。その優美な姿には誰もが魅せられる。

平成二十三年から大天守の保存工事に入り、修復が終わるまでの三年間は、その全容を見ることは叶わなかった。にもかかわらず、ひっきりなしに訪れる観光客の姿に、改めて世界遺産の実力を思い知る。

そんな姫路はしかし、新幹線の駅を有しているわりに、宿泊を伴う観光客はさほど多くない。姫路城以外にさしたる観光スポットがないせいだろう、などと書けば地元の方からはお叱りを受けるかもしれないが。城下町のプチホテルに滞在して、姫路城のみならず、播磨を巡る旅というのも風情があっていい。

クレール日笠　ダブルルームのパウダールーム

新幹線を降りて、北口から歩くこと五分ばかり。『ホテルクレール日笠』に着く。取り立てて特徴のあるような建物ではない。目指していなければ通りすぎてしまいそうなホテルはしかし、地味な城下町にはよく似合う。たとえるなら、パリ郊外、ロワール河沿いの小さな街の隠れホテル。

エントランスを入ってチェックインしてもなお、その風情は漂い、予約しておいたダブルルームのドアを開けると、より一層その感は深まる。

このホテルに泊まるなら、断然このダブルルームをおすすめする。他のホテルにはない、ちょっと変わった造りなのだ。

フローリングに木造りの棚。格子窓。瀟洒《しょうしゃ》なインテリアに、ふと、ここがどこだったか、戸惑いを覚える。そしてこのダブルルームが最も個性を発揮するのはパウダールーム。よくぞ思い切ったと、思わず拍手を送りたくなる。バスタブをなくし、カプセルタイプのシャワーブースを据えたパウダールームは、そこにいるだけで心が弾む。意外な非日常空間に身を置くことは、旅先ならではのひととき。

宿は効率のみにあらず。一見無駄とも思えるような広いパウダールームと、強烈な存在感を示すシャワーカプセルが、このホテルの印象をどれほど強くゲストに与えるか。ひとりよがりのキワモノは無用だが、時に斬新に、アグレッシブに客室を造ることは、旅の思い出作りに大いに寄与することを忘れてはなるまい。

適価で提供される朝食にも心がこもり、並のビジネスホテルとはひと味違う客室を愉しめる宿。こういうホテルが増えれば、日本の旅はきっと、もっと愉しくなるに違いない。

第5章

中国・四国の宿

77 奥津荘《おくつそう》（奥津温泉）――大物に愛された歴史が証明する、別格の威厳

『奥津荘』。この宿の名を聞いて、必ず目に浮かんでくるものが、僕にはふたつある。ひとつは、谷崎潤一郎の『鍵』という小説。もうひとつは『秋津温泉』という映画。その理由《わけ》は、宿を訪ねてみれば追々とわかってくる。

山峡の宿には、そう易々《やすやす》と辿り着けない。一般的なアクセスとしては、山陽新幹線で岡山まで行き、そこからレンタカーということになる。あるいは津山から路線バスという手もある。

岡山からは北へと辿る。陽光きらめく瀬戸内から離れ、少しずつ山へ分け入ってゆく。山陽と山陰を分ける背骨のような山々のふもと。目指す宿は渓流沿いに、ひっそりと佇んでいる。

温泉街というには鄙びすぎているが、旅人の心を癒そうとする、何軒かの宿が肩を寄せ合い、その目印となるバス停が、ぽつりと寂しげに立っている。『奥津荘』はその真ん前にある。

唐破風の小屋根を軒先に設え、かつての日本旅館がどこもそうだったように、宿の

中を見透かすガラスの引き戸で客を迎え入れる。

上がり込んでまず目に入るのが、棟方志功《むなかたしこう》の衝立絵。

谷崎の著『鍵』の表紙をはじめ、挿絵に描かれた女性と同じ顔だち、身体つきで横たわり、嫣然と微笑んでいる。奥津渓の宿と谷崎がここで繋がる。

奥津荘　堂々たる玄関口

艶やかな観音さまを拝して、客室へと向かう。今宵の部屋は離れの一室。
たどる廊下は緩やかな曲線を描き、いったん外に出て、角を曲がると離れの玄関が見える。宿の中を真っすぐに見渡せないのは、吉井川《よしいがわ》の流れに沿って建てられたからだろうか。
すべてをあからさまにしない秘めやかな空気が、宿に奥行きを与えていて好ましい。
離れの部屋の奥には吉井川の流れが間近に迫り、川音を和らげるかのように、樹齢八百年を超える大木が屋根を覆う。

隠れ里の湯に惹かれ、そこで命を絶とうとした男を描いた『秋津温泉』は、藤原審《しん》爾《じ》の原作。吉田喜重《よししげ》の手によって映画化された。

〈秋津〉は奥津である。映画では絶えず川音が流れ、時の流れと人の世の儚さを重ね合わせている。運命《さだめ》、性《さが》、愛欲。自ら御すことのできない様々を、奥津の地、湯が清らかに昇華させる。きっとそう感じてここを舞台に選んだのだ。

さやかなせせらぎを耳に、武骨な巨木が枝を広げる、抜けるような秋空を見上げながら、露天風呂で奥津の湯に身をゆだねると、そんな思いに至る。

この宿において、川と湯は一体であって、それを強く実感できるのは、地下の〈鍵湯〉だ。深い湯船の底から湧き出る湯は、あぶくを立てて湯を揺らす。川底を思わせるごつごつとした石が、自然の恵みであることを、足裏から感じさせてくれる。

四百年もの昔。時の津山藩主が専用の湯と決め、鍵をかけて、他の入浴を禁じたことからそう呼ばれるようになったのが〈鍵湯〉。

独り占めしたくなるのもむべなるかな。それほどに心地よく、浸り続けたくなる湯には、谷崎の〈鍵〉にも相通じる、濃密な空気が漂っている。

湯を満喫した後の夕餉は食事処で摂る。山の恵み、川の幸を中心に、吟味した食材を、丁寧に、素直に調理した料理は、鄙の里らしい素朴さを器に映しながら、山峡の湯宿ならではの温もりを存分に湛える。雄町米を使った地酒の、丸くやさしい味わいも相まって、心がゆるゆると解けてゆく。

虫の集《すだ》きと川音が競い合い、それを枕元に置きながら、安らぎのうちに眠りに落ちる。なんと贅沢な一夜だろうか。

長く家族で営む宿だからこそ、文人たちを魅了し続けてきたに違いない。静謐な空気を漂わせつつ、あぶくを立てて湧き出づる湯のような、軽やかなリズムを弾ませる宿。

空が底を抜く白秋から、重い雲が立ち込める玄冬まで、人の晩年と重なる季節に訪れるのが、最もふさわしいような気がする。

78 岩惣《いわそう》——時を忘れ、自然に耳を傾ける

日本に数多の宿あれど、これほどの立地に建つ日本旅館は他にないのではないか。

神の島とも称される、厳島《いつくしま》にある老舗宿の前に立つと誰もがそう思う。

宿の名は『岩惣』。紅葉の名所〈もみじ谷〉の入口に建っている。

松島、天橋立と並び、日本三景のひとつ。お宮があることから宮島という通名で呼ばれることが多いが、〈斎《いつ》く島〉という語源からすれば、やはり厳島と呼びたい。

広島の街から西へ。小半時ほど在来線に揺られ、宮島口の駅に降り立つ。すぐ目の前の港からほぼ十～十五分置きに出ている船で厳島に渡る。

瀬戸内の多くの島々には本州から橋が架けられ、地続きになっている。たくさんの観光客が訪れるのだから、厳島にも橋を架ければいいかといえば、そこはやはり神の島。神のおわす島に橋は要らない。その尊崇の念があってこその世界遺産なのである。

宮島口の港から、その姿が見えているくらいだから船旅は短い。ＪＲの航路を選ぶと、厳島神社の大鳥居を船から望める。進行方向に向かって右側に乗り込むことをおすすめする。

厳島の港に着く。あらかじめ頼んでおけば、宿から迎えの車が来てくれるが、まずは厳島神社へお参りをし、境内を通り抜けて宿へと徒歩で向かうのが正しい。

鹿が遊び、潮が間近に寄せる参道を経て、板敷の回廊を進み、やがて大鳥居と向き合う本殿へと辿る。ここで手を合わせた瞬間から『岩惣』の時間が始まるといっても過言ではない。

社を出て少しばかり坂道を上り、古式ゆかしい玄関を潜って、一歩宿に入れば、先刻と同じ空気が流れていることに気づく。それは何も荘厳だとか、霊性といったものではなく、とかく宿にありがちな猥雑さを排し、敬虔で清らかな空気が流れているという意である。

岩惣　玄関の外景

だからといって『岩惣』は窮屈な堅苦しい宿ではない。むしろその逆で、老舗宿特有の排他性もなく、すべての客をふわりと包み込む、やわらかな宿なのである。それは、この宿が、道行く人たちに憩いの場を設けんとして建てられた、茶屋が前身だからだろう。紅葉狩に出かけて、茶の一服でも、という軽やかな気持ちで泊まれるのが『岩惣』の魅力である。
鉄筋五階建てのシンプルで機能的な新館客室、昭和初期の本館という選択肢もあるが、建築数寄なら、大正期から昭和にかけて建てられた離れの客室を選びたい。中でも昭和三年に建てられたという〈秋錦亭《しゅうきんてい》〉が素晴らしい。

ただ鑑賞するだけの建築なら、古色蒼然を貫けばいいが、一夜を過ごす宿となればそうはいかない。現代人に合った快適な設備をも備えなければならない。古建築を擁する多くの宿にとって矛盾する命題だが、『岩惣』は明快な答えを見出したようだ。

障子格子、欄間、透かし窓、あるいは玄関障子。精緻でありながらも軽みを持つ、古き装飾を生かしつつ、洗面や浴室には新しきを設える。肝心なのはそれらが、美しく調和していることだが、この宿はそれを見事にクリアしている。

もし言葉を作るなら、〈活故加新〉とでも表現しようか。故きを活かしながら、新しきを加える宿。

そのひとつの表れが温泉。古くからの井戸水を確かめて温泉とわかり、〈若宮温泉〉と名づけ、老舗宿に新たな魅力を加えた。広々として、開放感溢れる大浴場の湯に浸かれば、温泉宿と位置付けてもいいくらいの心地よさだ。

美しき部屋、温かき風呂と来れば、後は旨し食。無論抜かりなどあるはずもなく、瀬戸内の幸をメインに据えて、オーソドックスな懐石スタイルながら、新たな趣向も加え、美食の宴が繰り広げられる。分けても秋から冬にかけては、名産の宮島牡蠣が何よりのご馳走。ぷっくりと膨らんだ焼き牡蠣は、磯の香りを漂わせ、厳島の秋を高らかに謳う。それ以外の季節なら穴子がいい。鰻よりあっさりとしていて、淡泊ながら豊かな味わい。

潮が満ち、そして引く。空に浮かぶ月もまた満ちては欠ける。海と空に果てなく続く、悠久の時の流れ。離れの部屋で杯を傾けていると、そんなことに思いが及ぶ。

青もみぢがいつしか色づき、赤く染まり、そして燃え尽きるかの如く、落ち葉となって土に帰っていく。幾度となく繰り返された自然の営みを、ずっと見続けてきた宿に泊まる。それが『岩惣』の醍醐味である。

79 庭園の宿 石亭《せきてい》（宮浜温泉）――洗練の極み、これぞ、庭園の宿

日本旅館を構成する大切な要素のひとつに日本庭園がある。ガーデンではなく庭園。日本庭園はお寺をはじめ、日本建築に不可欠な付随物として、独特の発展を遂げて

きたものだが、その基本は「池水回遊式」と呼ばれる、池を中心とした庭園である。ここから後に、水を省き、木々を省いた「枯山水」が生まれたのだ。

「枯山水」は禅寺に多く存在するように思索を深めるもの、「池水回遊式」はその逆で、頭をからっぽにして、心を休めるための庭である。となれば日本旅館にあるべき庭は当然のことながら「池水回遊式」ということになる。

このタイプの庭を持つ宿は数多くあるが、これをメインステージにして、その周りを囲むようにして客室を設えている宿はそう多くない。なぜなら、庭を共有するということは、客同士が絶えず視線を行き来させることになるからだ。ことのほか、プライヴァシーを声高に主張する向きには不具合なのかもしれない。

広島県宮浜温泉といっても、知る人は少ないだろうが、日本三景のひとつである宮島の対岸にある温泉、といえば大方の日本人なら場所の見当はつくだろう。その宮浜温泉に『庭園の宿 石亭』がある。この宿はその名の通り、日本庭園が主役になっていて、この庭と一体になって愉しむことを要諦としているのだ。

十室の客室すべてがこの庭に面して窓を開いているから、当然のことながら、部屋の中にいると、時折り、庭を歩く目線が届くことがある。何かというとすぐ部屋に籠もりたがるイマドキのカップルは、苦手とするかもしれない。だがそれを補って余りある魅力がこの庭にはある。

手入れの行き届いた芝を踏みしめ、池で跳ねる鯉の水音に心を騒がせる。庭のそこかしこにある四阿《あずまや》でしばしまどろむ。思い立ってフロントに連絡すればスプマンテなぞを運んできてくれる。池のすぐ前にあるライブラリーや床下に造られたラウンジで、ぱらぱらとページをめくるのもいい。ゆるゆると流れる時間は、この庭があればこそ、だ。

石亭　広大な庭園

無防備な姿をさらす風呂となれば、さすがにこの庭の中で、というわけにはいかないが、それでも宿の名に恥じない庭園を備えた温泉があり、ここもまた、庭の持つ開放感に身を委ねる至福の時間が味わえる。

庭よし、湯よしの宿はさらに、部屋の造りも洗練されていて、極めて使い勝手のいい客室になっている。そして料理。実はこの宿の本体は宮島口で行列の絶えない店として知られる「穴子飯うえの」。したがって、食にも抜かりはない。穴子はもちろん、冬の牡蠣をはじめとする瀬戸内の幸や、地の野菜を洗練の技で調える。庭園の宿は美食の宿でもある。

ワインや地酒のセレクトも見事なら家具や調度のセンスもいい。庭園のみならず、すべてが美しい日本旅館である。

80 大谷山荘別邸 音信《おとずれ》（湯本温泉）

――小さすぎない、必ず満足できる温泉リゾート

宿の規模、その大小は客を選り分ける。概して大きな宿はグループや団体客に好まれ、小さな宿はカップルや個人客が好んで訪れる。クオリティを考えれば、どうしても小さな宿に軍配を上げざるを得ないが、小規模な宿がすべて優れているとも限らない。たとえばパブリック施設などがその典型で、大浴場、ショップ、多様なレストランとなると圧倒的に大きな宿の方が優位に立つ。

ただ優れた日本旅館を求めるなら小規模に限るといってもいいのだが、リゾートとしての旅館を選ぶなら、ある程度の規模を持つ宿も充分選択肢に入ってくる。

大小、両方の規模を兼ね備えていれば、という客の願いを叶えてくれる宿はどこかにないものか。限られた客室数の落ち着いた宿泊棟を持ち、しかし大きな風呂をも備え、ショッピングや食事に多彩なバリエーションを持つ。そんなわがままを叶えてくれる宿。

別邸 音信

長州山口県の湯本温泉。ここに『大谷山荘別邸 音信』という小さな宿があり、「大谷山荘」という大きな宿の別館として機能している。ここなら先に書いた条件をほとんど満たしてくれる。

宿の名はすぐそばを流れる音信川に由来していて、つまりは河畔の宿なのである。音信と書いて「おとずれ」と読む。これこそが日本語の美しさだ。

金子みすゞの歌に心惹かれて幾度か仙崎に通い、近辺は何度となく通ったのだが、浅学にして、この川の名は知らなかった。もっとも今はその旅の目的とした、金子みすゞの歌にも惹かれなくなったのではあるが。

観光地でいうなら秋吉台や秋芳洞、さらには金子みすゞ生誕の地として知られる仙崎が近い。だがこの『別邸 音信』を訪れる客の大半は、この宿に泊まることを主目的としていて、ほとんどの時間を宿で過ごす。とはいっても、近年流行の「お籠り宿」とは一線を画していて、しっとりとした情緒を湛えながらも、宿の中には軽やかな空気が流れている。

日本ならではのリゾート要件として、温泉というものがある。むろん海外にもスプリングスはあるが、そのほとんどは水着着用の保養施設であり、日本のような、文字通り「裸のつきあい」ができるものではない。かつては大浴場一辺倒だった日本旅館も、今では「個」を重視した貸切風呂や、部屋に備えた露天風呂に力を注いでいる。誰に気兼ねすることなく、存分に湯浴みできる部屋の風呂もいいのだが、広々とした大浴場の開放感も捨てがたい。

この宿のすべての客室にはテラスと露天風呂が備わり、木々の緑を眺めながらのゆったりとしたバスタイムを愉しめる。さらには宿の規模には立派すぎるほどの大浴場も備えている。つまりは両方を愉しめるというわけだ。リゾート温泉としてまずこの宿をすすめる所以《ゆえん》。

充分な広さを持つ部屋は洗練されたインテリアに彩られている。テレビやＤＶＤ、オーディオ類も充実している。となると、部屋に籠もりたくなるのだが、この宿は部屋から出る愉しみも存分に備えている。

ライブラリー、大浴場、バー、茶室、ショップに加えてフィットネス。とても一日では遊び切れないほどのパブリック施設があり、そのどれもが、おざなりではなく、充実しているのがうれしい。そして宿一番の愉しみである食事もまた素晴らしい。地の素材を巧みに使い、熟達の料理長が繰り出す料理は広々とした食事処で供される。部屋、温泉、食、すべてに満足できる温泉リゾートだ。

81 松田屋ホテル（湯田温泉）――維新の湯

女性誌をはじめとして、多くマスメディアが宿を紹介するとき、どうしても新しい宿を取り上げてしまい、長い歴史を重ねてきた宿に目を向けないのは残念なことである。

むろんのこと、古ければいいというものではない。歴史や伝統にあぐらをかき、廃業に追い込まれたり、再生グループに委ねるようになった宿は、枚挙にいとまがない。

しかしながら、歴史的価値の高い施設や建屋を残し、それを旅人に供するためには並々ならぬ努力が要る。人手もかかれば、保存修復のための経費もかかる。それはたとえば、古い寺や社などと同じこと。社寺なら寄進を募ればいいが、宿はそうはいかない。すべて自力で賄わねばならない。

前置きが長くなったが、長州は湯田温泉にある『松田屋ホテル』などは、もっと注目を浴びてもいい宿だと思う。他にはない、オンリーワンの宿なのだから。

江戸期に造られた庭。その庭では明治維新の際に大きな役割を果たした志士たちが、繰り返し集い、語り合った。そんな庭を囲むように建てられた館で一夜を過ごすことができる。かかる宿が他にあるだろうか。

庭だけではない。天然温泉が溢れる湯も然り。いくつもの風呂を持つ『松田屋ホテル』だが、歴史的価値といえば〈維新の湯〉に尽きる。

一八六〇年に造られたといわれる浴槽には、高杉晋作を筆頭に、木戸孝允、西郷隆盛、大久保利通、伊藤博文、坂本龍馬ら錚々たる面々が浸かったというのだ。

この宿に泊まれば、倒幕の密議をしたときに入浴したといわれる歴史的文化財に浸かることができる。

松田屋ホテル　庭を望む

いつも僕がいうことだが、日本旅館というものは、ただの宿泊施設ではない。日本の歴史や文化、伝統を正しく伝えていくための役割をも果たしているのである。その典型がこの『松田屋ホテル』。
宿の敷地内には、西郷隆盛と大久保利通らが会見した四阿が残されている。あるいは〈七卿落遺跡〉もある。それらは宿の収益にはまったく結びつかない。取り壊してカフェにでもすればいくらかの利益は上がる。現にそういう考えで宿を造り替えるところなどいくらでもある。再生という言葉を使いながら、破壊しているとしか思えないグループ旅館などがその代表。

極めて真っ当な姿勢を貫く『松田屋ホテル』のような存在は、今や希少となった。建屋や庭、温泉のみならず、冬場の河豚料理をはじめ、山と海に囲まれた長州ならではの食材を使った料理にも魅力は多い。日本の歴史に直接触れることのできる貴重な宿、『松田屋ホテル』を強くおすすめしたい。

82 小屋場《こやば》 只只《ただただ》(大津島)——からっぽ からっぽ なんもせん

島宿といって僕が真っ先に思い浮かべるのは、山口県周南市の沖合に浮かぶ大津島の小さな宿。

大津島へは、瀬戸内随一の工業地帯、徳山の港から巡航船で渡る。大津島の住民はわずかに三百人足らず。島民にとって唯一の足である定期便は一日十便ほど。方言が行き交う船内から、穏やかな瀬戸内の海を眺めること四十分ばかり。揺れを感じる暇もなく、船は馬島という小さな港に入る。港に着くまでは、リゾートに向かっているとは思えない、のんびりした船旅だ。

港で出迎えてくれるのは青いモーク。ここからリゾートが始まる。島唯一ともいえる『只只』の「足」でまずは島内一周ドライブ。周囲四キロほどの小さな島だが、変化に富んだ地形ゆえ、これが実に愉しい。

木々に覆われた海岸っぺりの狭い道を走り抜ける爽快感はまるで「インディ・ジョーンズ」の世界。アップダウンを繰り返し、島の見所、奇景、絶景に立ち寄り、宿に戻ると、いよいよ『只只』時間が始まる。

只只から眺める瀬戸内海

御影石で組まれた石の門を潜り、海を背にして石段を昇る。芝生の上に青い空が見え、さらに階段が続く。ここで背後の海を見たくなるのだが、まだ振り返ってはいけない。愉しみは後に取っておくのが『只只』流。

アプローチを抜け、スチールのドアをゆっくりと開けて、ダイニングに入る。ここで初めて目の前に海が広がる、という仕掛けなのだ。

目の前はすべて海、海、海。遮るものは何ひとつない。息を呑む、とはまさにこういう瞬間をいうのだろう。あるいは、息をすることすら忘れる、とでもいうのだろうか。右から左まで、瀬戸内の海が静かに横たわっている。ところどころに小さな島影がある他は何もない。見渡す限りの海。海以外には何もないという潔さが贅沢だ。

ダイニングを抜けると隣はリヴィングルーム。板張りの部屋には暖炉が設えられ、大きな窓からはダイニングと同じ海が見える。この眺めは続き間になっているベッドルームも同じ。壁面全面に開いたガラス窓は海と空だけを映し出す。

「からっぽ　からっぽ　なんもせん」

ベッドルームの壁に掛かる松田正平の字が、この宿の有り様を見事に言い表している。この宿に来るといつも、頭も心も空っぽになる。飽かず海を眺め、ただただ自然の中に溶け込む自分がいる。

瀬戸内の海はまるで湖のように、水面を鏡のようにして、空を映し出す。南の海のような深い青や緑とは違う。まるで霞がかかったかのように、ターナー描く水彩画にも似た淡い色が瀬戸内の海だ。空は雲を泳がせ、日がな一日、青く、白くを繰り返す。

バスルームもまた海に向かって窓が開き、湯船に身を沈めるとまるで海に浸かっているような錯覚を覚える。母屋の上、離れの前には露天になった五右衛門風呂があり、ここからも海が眺められる。つまり『只只』はどこにいても海が望めるのだ。

はて『只只』はホテルなのか旅館なのか、それともオーベルジュか。いやいや、そんなカテゴリーに分別することすら意味を持たない宿。「食」が目的でもなければセレブな宿でもない。文字通り、只只、海を眺めるためだけの宿なのである。哀しい過去を背負いながらも海はあくまで美しく、澄みわたり、人の心に深く沁み入る。

飽きることなく海を眺めるうち、やがて空が朱に染まり始め、紫色に変わり、そして陽が落ちる。海と空が漆黒一色になり、『只只』の夜が始まる。

ダイニングで供される夕食は、敷地内で収穫されたハーブをふんだんに使ったシンプルな料理。四方を海に囲まれた島だから、新鮮な海の幸には事欠かない。薪をくべて竈《かまど》で炊いたご飯も旨い。

夜のテラス。遠く波音を聞きながら食後酒を愉しむ。流れ星に祈りを捧げると『只只』の長い一日が終わる。

『小屋場 只只』。なんとも面妖な宿の名だが、この宿の建築は、優れて他を圧倒すると僕は思っている。

オーナーの言によると、『只只』という名は、只々この場所に居場所を作りたかった、ということと、只々ここから海を眺めたかったということからつけたのだそうだ。つまりはロケーションありきなわけで、それゆえ、最大限その立地を活かす建築が求められ、結果、見事に結実したのである。

世にオーシャンビューという宿は、掃いて捨てるほどある。目の前に海が広がる宿など珍しくもなんともない。が、この宿からの眺めはそれらとは、明らかに違う。何が違うのかといえば、それが建屋の美しい造りなのだ。美しい海を眺める、その場所も美しくなくてはならない。それが『只只』の拠って立つところ。

ここでは海が惜しげもなく、すべてをさらけ出す。その美はきっと原始にまで遡る。秀でた建築は目と心をピュアにしてくれる。一日一組の宿は、心を洗い清めるのに格好の宿である。

83 オールドイングランド道後山の手ホテル

——普通の旅館に泊まるなら、このホテルがいい

名湯道後温泉といって、誰もが思い浮かべるのは『坊っちゃん』の物語か、道後温泉本館のシブい建物。いずれにせよ、古きよき日本であって、遠く英国を思い浮かべることなどまずないだろう。

『オールドイングランド道後山の手ホテル』。一度聞いただけでは、覚え切れないような長い名前のホテルは、十九世紀のイギリスをモチーフとして造られた宿。道後温泉駅から歩いて五分ほど。道後温泉本館を見下ろす坂の上にある。

このホテルの前身は、百二十年以上も前に造られた「かわきち別荘」という宿。歴代総理の幾人かが一夜を過ごしたという由緒正しき宿で、その礎を築いたのは道後の宮大工だったという。そう聞けば、なんとはなしに、英国調のホテルに変身したこともわかるような気がする。

知らず訪れた人はたいていが驚く。タクシーが玄関先に着くと、温泉宿なのにフロ

ックコートに山高帽というドアマンがドアを開けて微笑んでくれるのだから。

館内に入って、すぐ右手にあるフロントでチェックイン。ふと左を見れば重厚なインテリアのダイニングルームとカフェが見え、右奥に目を遣ると、温泉大浴場のサインボードが目に入る。なんと心浮き立つ設定ではないか。浴衣がけで温泉を愉しみ、ツイードのジャケットに着替えて夕餉のテーブルに着く。そんな姿を思い浮かべる。

当然ながら客室の内装もヨーロピアンタイプ。アンティーク調の家具にフローリングというスタイル。二十二平米というダブルルームは広々として快適。荷物を置いて、まずは坂を降りて道後温泉本館へ。この湯に浸からないと道後に来た気がしない。その後はホテルに戻り大浴場へ。温泉のハシゴ。

温泉を堪能すると、いきなりお腹が鳴る。ホテルのフレンチもよし、松山まで出て、

オールドイングランド道後山の手ホテル

馴染みの鮨屋の暖簾を潜るか。迷えるような選択肢があるのは愉しい。

一泊二食。その宿でしか味わえない個性豊かな料理ならいいが、ありきたりの夕食しか出さない宿なら、はるかにこういうホテルの方がいい。古式ゆかしい、日本を代表する温泉地である道後温泉に、かかる英国調のホテルがあることは、実に頼もしい。

一度泊まれば必ずクセになる。リピーター必至の宿である。

第6章 九州・沖縄＋αの宿

84 古湯《ふるゆ》温泉 ONCRI

――これぞ新しい日本旅館の定番形

福岡と佐賀の県境に脊振山《せふりやま》という山がある。九州を代表する山岳信仰の山。古くは空海、最澄、円仁、栄西らが、遣唐使として中国に渡る前に、航海の無事を祈った山でもある。

その脊振山のふところに抱かれるようにして建つ宿。それが『古湯温泉 ONCRI(おんくり)』。近年、リニューアルし、リブランドを果たした宿である。

JR佐賀駅から宿の送迎車に乗り、山間の道を走ること二十分ばかり。忽然と、といったふうに、川向こうに姿を現すのが『おんくり』。外観は至極ふつうの宿だが、リブランドした際に改装されたのだろう玄関には、大きな暖簾がかかり、それを潜った途端、不意を突かれた。

広々としたロビーに流れているのは、なんとオペラミュージック。まさか山峡の温泉宿でオペラを耳にするとは。あっけにとられている間に、ラウンジに案内されチェックイン。

ライブラリーを横目にしてエレベーターに乗る。今回は最上階にある〈ＯＮＣＲＩフロア〉。エレベーターホールには広々としたライブラリー・リビングがあり、エスプレッソマシンが備えられている。これまでの旅館にはない施設だが、これはとてもいいアイデアだ。ホテルのエグゼクティブ・フロアにはよくあるが、旅館では滅多に見かけない。客室、温泉、食事処以外に、こういうくつろぎスペースがあると、気持ちにゆとりが出る。

さらにうれしいことに、浴衣ではなくツーピースタイプのお洒落な館内着が用意されているので、だらしなくならないようにくつろげるのだ。僕のように、すぐに浴衣がはだけてしまう着物下手には、ありがたい

ONCRI のイタリアン

限り。これにベストのようなストールのような上掛けがあり、どう着こなすかを考えるのも愉しい。

さて客室。元はふつうの和室だったというが、まったくその面影はなく、バスルーム、リビングとベッドルームに分かれたスイートタイプ。リビングの窓一面に山里の長閑《のどか》な風景が広がり、奥まったスペースに置かれたベッドに寝転がると、ちょうどいい具合に同じ景色が望める。なかなかよく計算された配置。リビングと壁一枚隔てて、同じ窓側がバスルームになっている。窓際に置かれた真っ白のバスタブに浸かると、山の緑が目に飛び込んでくる。こっちは後回しにして、まずは温泉へ。

古湯温泉は、古く支那の徐福が秦の始皇帝の命を受け、不老長寿の霊薬を求めてこの地を訪ね歩くうちに、湯の神のお告げによって探し当てた湯である。斎藤茂吉が歌を詠み、青木繁が画風を練ったという、アカデミックな温泉でもある。

無色無臭の温泉は、古湯とはいくぶん泉質が異なるラドン泉。低めの湯温が特徴。〈古湯のぬる湯〉と呼ばれる所以である。この宿にも十五種類にも及ぶ湯があるが、どれも、ゆっくりと湯と親しむ「ぬる湯」が基本である。草津のように熱いことで効きそうに思える湯もあれば、ぬるいからこそ、じんわりと効いてきそうな湯もある。

寝湯、立ち湯、砂蒸し湯など、いくつものバリエーションを愉しめるのも、ぬるさゆえのこと。

湯上がりには格好のバーがある。山々を夕闇が包み始める時間を、奥行きの深いオーク材のバーカウンターで過ごす。これもまた既存の旅館にはない施設。

トワイライト・シャンパーニュを愉しんだ後は、待ちかねた夕食。地の食材をふんだんに使ったナチュラル・イタリアンが愉しい。地野菜のバーニャカウダから始まり、テーブルで仕上げてくれるパルミジャーノ・リゾット、しらすと白菜のパスタへと続く。

メインはふたつ。ひとつはブイヤベース。宿はちょうど、有明海と玄界灘の真ん中にあるので、両方の海の幸が合わさる、なんとも贅沢なひと皿。香り豊かな野菜も相まって、芳しくも味わい深い。

バジルのグラニテを口直しにして、グリルビーフで最後を締めくくるコースのバランスがとてもいい。

和洋取り混ぜての朝食ブッフェにも同じことがいえるのだが、華美に走らず、きちんとツボを押さえた料理は、ありきたりの旅館料理とはまったく異なる個性を打ち出しながらも、過剰な緊張感を強いるようなものではなく、あくまで宿ならではの、安らぎを感じさせてくれる。これはとても貴重なことである。

とかくリブランドした宿は、以前との違いを際立たせようと、尖りすぎてしまう。あるいは地域を忘れて画一的なデザインに終始しがちだが、この『ONCRI』は適度な緊張感と、深いやすらぎをバランスよく配し、新たな温泉旅館像を提案している。

クラスフロアのリビングスペース、広々としたバーカウンター、イタリアンディナー。従来の日本旅館にはなかった愉しみを提供しながら、バリエーション豊かな温泉、和食処、売店といった旅館ならではの施設にも新たな感覚を取り入れる。これからの日本旅館のモデルケースともなっている。

ホテル一辺倒で、日本旅館を敬遠していた向きは、まずはこういう宿から始めてみるのもいいだろう。旅館初心者にも、コアな旅館通にも、どちらにもすすめられる宿、それがこの『ONCRI』である。

85 洋々閣《ようようかく》（唐津）――唐津焼と響き合う、陶器の宿

一楽、二萩、三唐津。優れた茶陶を並べると三傑に入るのが唐津焼。日常の器としてはいささか扱いがたい前二者に比べて、普段づかいにも重宝するのが唐津焼だ。

日本旅館において、食事の際に使われる器は極めて重要な役割を果たしている。どんな料理を、が重要であると同様、いやそれ以上に、どんな器に盛るか、で、旅館の評価は決まる。

最近は日本旅館でもホームページを持つ宿が多くなり、そこでは多くが宿の料理を紹介している。

ここに注目すれば、かなりの確率で、訪ねなくとも宿の当たり外れがわかる。それが実は器遣いなのだ。ずらりと料理を並べ、その器が派手な図柄の磁器で、余白の少ない盛りつけだったり、器全体に統一感がなければ外れ。反対に、渋い陶器の一点遣いで、たっぷりと余白を取るような盛りつけをしていれば当たり。これは経験上確かなことなのだ。ぜひご参考に。

さて『洋々閣』である。唐津は虹ノ松原近くに建つこの宿は、器好きには堪らない魅力を秘めている。それは、唐津焼の第一人者といっていいだろう中里隆をはじめとして、本物の器をふんだんに使った料理が供されるからである。

唐津へは博多から地下鉄が繋がっているのだが、その距離に比して所要時間は長い。博多湾から唐津湾へと玄界灘に沿って進む。いくつもの緩やかなカーヴを曲がるうち、時間の流れも徐々に緩やかになる。

美しい格子窓を通りすぎ、玄関に入ると、打ち水に濡れた敷石を踏み、上がり框に置かれた行燈のやさしい灯りが迎えてくれる。靴を脱ぎ、上がり込んでまず目に入るのは「花守」の手になる壺の生花。初夏のこの日は泰山木の白い花。高貴な香りを微かに感じ、ロビーを横目に部屋へと辿る。〈浮岳〉がいつもの僕の部屋だが、〈玄海〉や〈十坊〉もいい。どの部屋も華美を排し、軽やかな洗練を感じる造作で、古きよき日本旅館の姿を今に遺している。

部屋でひと息ついたらまずはギャラリーへ。フロント横にある小部屋の他に、大浴場前に大きな展示場、〈十坊〉へと辿る廊下に〈花子の部屋〉もあり、器好きには何よりの目の保養。むろん気に入った器があればその場で購入できる。ひと口に唐津焼といっても、作家の個性によってその表情はさまざま。はて、この器には何を盛ろうか、と思いを馳せるのも愉しい。

冬なら名物〈あら尽くし〉や〈ふぐ鍋〉となるところだが、春から秋にかけての〈おこぜ料理〉も捨てがたい。連泊するなら一夜は〈佐賀牛のしゃぶしゃぶ〉をお試しあれ。宿オリジナルの胡麻タレは、酸味が効いてさっぱりと、肉がいくらでも食べられる。むろん器は「隆太窯」をメインにして、料理を引き立てる、品のいいモノが並ぶ。

互いを補完する「器と料理」と同じく、「宿の主人と器の作り手」が響き合う宿は清々しい。

洋々閣

と、しかし、この宿の本当の魅力は、日本旅館の伝統を正しく受け継いでいることにある。温泉があるわけでも、京都のような傑出した観光地でもない。唐津という地方都市にあって、日本旅館のあるべき姿を示し続けていることにこそ、この宿の存在意義がある。

たとえば、よく手入れされた日本庭園。この庭をそぞろ歩くうち、じわじわと日本旅館の魅力が胸に沁み入ってくるはずだ。

もしくは一日を終えて、寝間に滑り込むとき。その肌合いの心地よさ、ふわりと身体を包み込むような安らぎに、きっと静かに眠りに就けるに違いない。

とかく敬遠されがちな日本旅館というものが、いかに居心地がよく、快適に過ごせるか。この宿に泊まればよくわかることだろう。

86 由布院 玉の湯 ——自然と響き合うさりげない名宿

数ある日本旅館の中で、最も自然体を貫いているのはこの宿かもしれない。雑木林が茂るアプローチを歩き、木々の合間から時折り目に入ってくる木漏れ日を見上げるときに、いつもそう思う。

湯布院という土地の持つ「自然」をあるがままに生かし、しかし、どこかしら人間の手が入った「暮らし」をも感じさせ、そのバランスが絶妙なのだ。手入れを怠っているように見えて、しかしよく見ると、肝心のところにはちゃんと手が入っている。極力自然の姿を留めつつ、刈るべきは刈り、残すべきは残す。この雑木林の有り様は『由布院 玉の湯』すべてに通じる姿勢だ。

淡々と宿を造るうち、自然とこうなった、と思わせるナチュラルな空気が『由布院 玉の湯』の敷地全体に溢れている。気張っていないのである。さり気ないのである。

由布院 玉の湯

たとえば宿の玄関先にある〈山里料理 葡萄屋〉。宿の顔ともいえるレストランは今風の個室仕様ではなく、雑木林を眺めるテーブル席、古代杉の大テーブルなど、他の客とも少なからず関わりを持つ客席になっている。だがそれがほとんど気にならないのも不思議な感覚。

もしくは十七室の客室。大小さまざまながら、どの部屋も広々としていて、北欧の白木ベッドが心地よい眠りを誘う間取りだ。特筆すべきは「外」との関わり。

数寄屋の宿なら庭師の手になる「日本庭園」となるだろうが、ここは湯布院。森の中に迷い込んだような、山野草がよく似合う庭が窓の外に広がり、開け放てば客室にいながらにして森林浴が愉しめる造りになっている。

それは客室に備わった風呂も同じだが、大浴場や露天風呂に浸かるとさらにその思いが増す。宿の名の由来でもある、かつては「玉壺泉」と呼ばれていた湯が滾々《こんこん》と湧き出ていて、周りの緑を揺れる水面に映している。緑、湯、空気。これらが三位一体となって、心と身体を芯から癒してくれる。

上質のコットンに包まれるような安心感。『由布院 玉の湯』をひと言で言い表すならそんな言葉が浮かぶ。決して真っさらのシルクではない。洗いたてのざっくりとした肌触りがこの宿の真骨頂だ。

食事もまた然り。地産地消をキーワードにして、作り手の顔が見える食材を使う料理は素朴な味わいながら、深い旨みを湛えている。

若鮎、豊後牛、すっぽん、豊のしゃも。山のご馳走は噛み締める愉しみを与えてくれ、なんとも滋味深い。クレソンをはじめとする地の野菜もまた、香り豊かで目にも美しい。

バーやティールームに売店。宿の中を散策する愉しみもこの宿には多い。中でもライブラリーの居心地のよさは格別。やわらかい灯りの下でページを繰り、ふと目を上げると鮮やかな庭の緑が優しく映る。可憐な花が風に揺れている。ただこれだけを眺めるためだけにでも、きっとこの宿を訪れたい。

87 山荘無量塔《むらた》——クラシカル、でも近未来の感性に浸る

宿の名が示すように、『山荘無量塔』は由布院の街並みを外れた山の中にある。だが、かつてこの宿の前身だった同名のレストランは、金鱗湖《きんりんこ》のすぐそばにあって人気を博していた。駅からも金鱗湖からも遠く離れたこの宿が、由布院らしくないリトリートでありながら、由布院らしいクラシカルな空気を漂わせているのはそれゆえのこと。

由布院御三家と呼ばれる宿の中では最も新しく、最も斬新な発想で造られたのがこの『山荘無量塔』。

宿だけではなく、さまざまな周辺施設を含めたグランドデザインを持ち、日々進化を遂げている日本旅館でもある。

この宿を象徴する施設に〈Tan's bar〉がある。わずかに十二室ばかりの客室を持つ宿にはいささか大きすぎると思わせるバーには、巨大なスピーカーが暖炉の上の壁面を埋め、ドラマティックな空間を編み出している。広々としたスペースでゆったりと過ごすこと。それがこの宿の要諦である。

むろんのこと客室もまた広々としていて、最も小さな部屋でも十八坪、三十六畳もあり、大きな部屋なら五十坪というから半端な広さではない。だが『山荘無量塔』はただ広いだけの宿ではない。広い空間を、バリエーション豊かな意匠でデザイニングされた、スタイリッシュな日本旅館なのである。

この宿に着いたならまずは部屋に入り、じっくりとその居心地を確かめる。特段のものを求めない限り、ほとんどすべてのことがこの部屋の中だけで事足りることに気づくことだろう。これほどに広い客室だから、数人で泊まることも充分可能なのだが、宿の造りは、ふたりで籠もることを示唆している。

誰にも邪魔されることのない、ふたりだけの時間を存分に愉しむべき宿なのである。そのための舞台装置、小道具には事欠かない。

たとえば〈汲〉の間。この部屋にふたりで入ったなら、さてどこでどう過ごすか、迷うに違いない。オープンエアのバスで湯と戯れる。もしくは畳敷きのスペースに寝転んで、ふたりのあとさきを語り合う。深紅のソファで、普段は聴くことのない音楽に耳を傾けるのもいい。もしも疲れが溜まっていたなら、ベッドでシエスタと洒落込むのも悪くはない。ただひとつの客室で、これほどに多くの過ごし方ができる宿もそう多くない。近頃伊豆箱根辺りに増殖している、下品な似非《えせ》リトリートとは格も違えば、感性も異なるのである。

山荘無量塔　〈汲〉の間

宿の名からしてすでにそうなのだが、薄紙一枚でエキセントリックなイメージを包んでいる『山荘無量塔』は、湯布院の近未来を予感させていて興味深い。さほど長くない歴史ながら、この宿を御三家と呼ばせることを躊躇させないふところの深さを、由布院とい

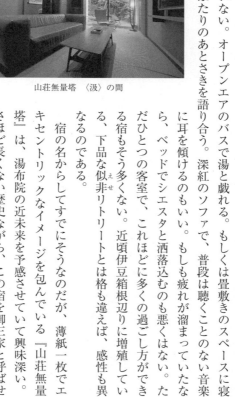

う街は持ち合わせている。惜しむらくは、創業者を亡くしたこと。その遺産をどう進化させるのか。多くの宿好きが固唾《かたず》を呑んで見守っている。

88 亀の井別荘——すべての旅館の規範

『亀の井別荘』、それはある意味で由布院の代名詞といえる。由布院といえば「亀の井」。「亀の井」といえば由布院。それほどにこの土地とこの宿は、強固な繋がりを今日まで保ち続けてきたのである。それに留まらず、すべて今の時代に生きる日本旅館はこの『亀の井別荘』を規範としている、といっても過言ではない。

それは卑近な例で申し訳ないのだが、とうに引退したのに、いまだに「読売ジャイアンツといえば長嶋茂雄」というのに似ている。それは取りも直さず、宿の主人中谷健太郎のカリスマティックな宿造りの姿勢によるものだ。日本旅館の牽引車として、常に時代の半歩先を行くアグレッシブなスタンスに追いつけ、追い越せとばかりに、後を追う旅館経営者は多い。

金鱗湖のそばにその宿はあって、どんなに格式高い宿かと思えば、意外にその敷居は高くない。むろん、プライバシーを保つために、宿泊者スペースとは結界が設けてあるが、それ以外の場所には誰でもが自由に入れる。〈湯の岳庵〉と名づけられた食事処やスーヴェニールショップの〈鍵屋〉。カフェ〈天井桟敷《てんじょうさじき》〉などは、いつも観光客で溢れ返っている。にもかかわらず、『亀の井別荘』の敷地内には絶えず静謐な空気が漂っているのが不思議だ。

亀の井別荘

小さな茅葺きの門があり、ここを潜ることから、この宿に泊まる時間が始まる。この門を潜らなければ、それは『亀の井別荘』を垣間見たにすぎないわけで、この違いは大きい。それはちょうど、長嶋茂雄のプレイをスタンドから見たのとテレビで見たのと同じくらいの違いがある。それが「空気」というものである。「オーラ」といってもいい。

大正時代に貴人を接待するための別荘として建てら

れたことから名づけられた『亀の井別荘』は、今も内外からのＶＩＰが引きも切らずやってくる。和室をメインにした〈離れ〉と、〈螢火園〉と呼ばれる洋室と、客室は全部で二十一室ある。和洋どちらも伸びやかな空間を持っている。

この宿に来たならまずは温泉だ。由布院温泉を代表する名湯に浸からなければ。庭園に造られた大浴場は、天気に恵まれれば由布岳を望むことができ、その雄大な眺めを見上げながら、天然掛け流しの温泉を堪能できる。

日本旅館に泊まって、いつも不思議に思うのは、その料理が決まって「京都」を向いていることだ。

確かに日本料理のお手本が京都にあることは否定しないが、だからといって、日本中すべての旅館が「京風懐石」であっていいはずがない。ここでもまた『亀の井別荘』の個性が光る。由布院という土地を最大限生かした料理は、潔いまでに「京都」を向いていない。由布岳から吹き渡る風を感じさせ、由布院が持つ「知性」を思わせる料理にこの宿の底力を知る。

平成も三十年を数えて、そろそろ旅館界の長嶋も引退の声が聞こえ始め、宿好きは「次」を気に掛けながら待望する。

カリスマの背中はとてつもなく大きく、そして広い。背負うものの大きさに気後れすることなく、若き主人が、次の『亀の井別荘』を切り開いてくれるだろうことに、誰もが大きな期待を抱いている。

89 雲仙観光ホテル ――歴史と格式に安らぐもうひとつの山岳リゾート

九州と山が、なかなか結びつかない。山といえば日本アルプスか奥羽山脈。僕の中で日本の山はどうしても東日本のイメージが強い。九州の山といえば桜島や開聞岳や阿蘇山。陽光がきらめき、もうもうと煙を上げる、燃える山。なんとはなしに、九州には雪は降らないのではないかと思っていた。

初めて雲仙に行き、宝石のような霧氷を見たとき、あまりの感動で声も出なかった。たとえばそれが南アルプスの山だったなら、それほどに心が動かなかったかもしれない。感動を生む大きな要素は、驚きと発見。

それとまったく同じ意味合いで、初めて『雲仙観光ホテル』へと続く長いアプローチに立ったとき、胸の昂ぶりを抑えることができなかった。

道の両側には高い木が並び、全容は見えない。だが正面にそびえ立つ三角屋根のシンメトリーな山小屋風の建物に圧倒される。赤い屋根と太い丸太。ロータリーまで近づくと、両横の建物が意外なほどに横長なことに気づく。祖父は、こよなく愛してやまない『上高地帝国ホテル』にたとえたが、僕にはもっと親しみやすいホテルに思えた。

ホテルに入ってもまだまだ感動は続く。中学生になったばかりの僕でもわかるような、伝統的な設えと、意外な斬新さを兼ね備えていた。昭和天皇ご夫妻も来館されたと写真が飾ってある。ヨーロッパ貴族の洋館とは、こういうものなのだろうな、と子供心に憧れたことを鮮明に覚えている。

不思議なことにどんな客室だったのか、というと、どうも曖昧なのである。今の『富士屋ホテル』のような部屋だったような気もするが、ともかくクラシックな洋室だったことは間違いない。

それはきっと、部屋にいるよりも館内をうろつく時間が長かったせいだろうと思う。大喜びしたのは温泉があったことである。伝統を重んじる「天皇の宿」なのに、庶民的な温泉がある。これもまた、まさか、という喜びだった。しかし、そこはやはりクラシックホテル。旅館のそれとは違って、装飾タイルが見事だったように記憶する。温泉で汗を流した後、ドレスアップしてダイニングへ、というギャップがまた愉しい。カーディガンのボタンをちゃんと留めるように注意されたことも覚えている。慣れない革靴を履いて、板張りの床を歩くたびに靴音を響かせては祖父ににらまれた。

雲仙観光ホテル　ロビー

だが、上高地ほどには緊張を強いられなかったように思う。料理も行くたびに違っていた。洋食のコース料理だったが、時にはカツレツなども出た。

と、四十年以上も前のことを書き連ねたのは、おおむね、その頃と空気は変わっていないからである。ただひとつ。記憶と現在が異なるのは天麩羅の店がないこと。

祖父も僕も天麩羅が大好物で、ここでは生きた海老を揚げてくれ、祖父が子供のように喜んだのが記憶にある。料亭のような天麩羅屋に何度も足を運んだから間違いはないと思うのだが、今はそんな店はなく、幻だったのかもしれない。

むろんのことリニューアルを重ねているだろうから、細部の細工やデザインなどは変貌しているに違いないが、当時のスピリッツは今も健在。

古きよき昭和を懐かしみ、平成の今ならではの新しきを愉しむ。伝統と格式を長く守り続けているホテルは実に希少である。

90 石山離宮《いしやまりきゅう》 五足のくつ（天草）
――セクシーなネオ建築から絶景の夕陽を眺める

天草。この地の歴史は哀しくも艶やかである。東シナ海に面し、アジアに近い土地柄がそうさせるのだろうか。熊本県に属してはいるのだが、どうもそのイメージは希薄だ。それはたとえば、奄美大島が鹿児島県にありながら、独自の空気を湛えているのにも、いくらか似ているような気がする。

福岡空港からの空路。長崎県は茂木の港からの海路。もしくは熊本からの陸路。どれを選んだとしても、決して容易くはない。まるで、すんなりと宿に辿り着くことを拒んでいるかのような宿。それが『石山離宮 五足のくつ』。海辺の宿だ。

日がな一日飽くことなく、ただただずっと海を眺めていたい。誰しも一度はそんな思いを抱くに違いない。そんな願いを叶えてくれる宿でもある。

五足のくつから東シナ海を望む

波の音が間近に聞こえてくるビーチリゾートもいいが、気品となれば、小高い丘の上から緑豊かな木々越しに望む海には敵わない。そのために『石山離宮 五足のくつ』は急峻な坂道を登り切った丘の上に建っている。

オープンして、十五年を数えるこの宿を初めて訪ねたとき（二〇一三年）、そのあまりの遠さに舌を巻いた。便数の少ない空路を避けて海路を選んだせいもあるのだが、京都から新幹線で博多。特急かもめに乗り換えて長崎までが五時間。車で茂木の港まで行き、定期船で天草富岡港へ。そこから宿の送迎車で、ようやく辿り着くまでが二時間。都合七時間の長旅。その遠さゆえ、宿に着いたときの感動は一入《ひとしお》。レセプションデスクのあるメインコテージ〈ヴィッラコレジオ〉の前に立ち、眼下に東シナ海を眺めたときの身震いするような感動は今も忘れることができない。

月日を経て、新たなる愉しみはさらに高みを目指したヴィッラCからの眺望だ。ヴィッラCにあって、ヴィッラAやBにないもの。それは『五足のくつ』そのものを借景にすることだ。

たとえばC3の部屋に備えられたオープンデッキに出ると、緑の隙間からこの宿の甍や壁、廊下などが見え隠れし、その向こうに広く横たわる海が一幅の絵のように広がっている。それほどにこの宿は周りの風景にしっくりと溶け込んでいるのだ。あたかも百年も前に五人の詩人たちが歩いた頃からずっと同じ眺めだったように。

この景色だけでも充分なのだが、『五足のくつ』は客室に籠もっていたとしても満ち足りて過ごせるような設えが施してある。広い空間にセンシティヴな調度が配され、上質のアジアを感じることができる。今ではクラシックな雰囲気さえ漂わせているヴィッラA、Bも捨てがたいが、叶うならヴィッラCを押さえたい。なぜなら、今望むべき日本旅館のネオスタイルを構築しているからだ。その建築もまた見るべきもののひとつ。

海から少し離れた高台に建ち、その建築は独自の様式美を湛える。異教徒の修練の場でもあるかのような、ストイックな棟があるかと思えば、奔放でスリリングな様相を見せる部屋も並ぶ。

高さを変え、斜面を選び、それぞれに趣を変えた三つの棟に共通するのは海との関わり。宿は海のすぐ近くにあるのに、どの部屋からも海はその相貌をあからさまにしない。

額縁で切り取ったように、海はその美しい部分だけを見せる。まるで恥じらうかのようにだ。そしてその効果は「セクシー」という形で表れる。宿にとって極めて重要と思われる「セクシー」という要素で比べれば、この宿の右に出るところはなく、それを生み出しているのは、建築なのである。

建築というのは、その建屋自体もむろん大事だが、そこからの眺めをどう計算して建てたかも、大切なことだ。僕がここを、名建築の宿としておすすめする所以である。

夕暮れ時がいい。カフェテラスから東シナ海に沈む夕陽をじっと眺める。やがて天草はアジアだと感じる、黄金色の閃光が走る。

A、B、C。それぞれの棟によって眺めも違えば、間取りやインテリアも異なる。好みに応じて泊まり分けるのがいい。初めてなら電話で希望を伝えればいい。きちんと説明してくれるはずだ。

大浴場はない。部屋に引かれた温泉を存分に楽しむのがこの宿流。日が落ちて、食事はレストランで摂る。すべてが個室仕様だから気分的には、旅館の部屋出しと同じ。家族なら家族、ふたりなら、ふたりだけでゆっくりと味わえる。海の幸はもちろんのこと、天草大王といった銘柄鶏も捨てがたく、宿の個性を生かした料理に舌鼓を打つ時間が長く続く。

薄暗い草道を辿り、部屋へと戻る。

人の関わりは時代と共に変わりゆく。広い部屋に何組もの蒲団を並べた一夜は遠くに過ぎ去り、今や一組のカップルといえども、ひとつ部屋で共有できないものがある。洗面、クローゼットなど、いわゆる身支度を整えるスペースはたとえ夫婦であってもセパレートしたい、というのが昨今の心情である。それは決して関係が希薄というのではなく、より「個」に重きを置くようになったから。部屋の見取り図を見れば、この宿の先進性は明らかだ。

個性豊かな料理、ハートフルなスタッフ、快適に過ごすための努力は日々怠りない。人気宿の進化はまだまだ止まらない。

ヴィッラDはいつできるだろうか。心待ちにしている宿好きは、きっと僕だけではないだろう。

91 オーベルジュあかだま ――ワインと海の幸に酔いしれる

長崎空港から北へ、海沿いをドライブしながら、西海市《さいかいし》大島《おおしま》を目指す。ハウステンボスを横目に見て、大島大橋を渡り始めると、一気に島気分が高まる。

船や飛行機に乗って降り立つ離島ではなく、地続きになってはいても、何故か島には独特の空気が流れている。はるばる来た感と、ゆったりと流れる長閑《のどか》な風。何より島人の穏やかな表情。

五島灘に架かる斜張橋《しゃちょうきょう》は、青い海に白い橋脚が屹立し、青空を見上げる白鷺にも見える。

橋を渡り、寺島を横断する道路を走り始めてすぐ、宿へと通じる小径が目に入る。スピードを緩め、注意深く辺りを見回しても、つい行きすぎてしまう。深い木立に囲まれた宿は、それほどにひっそりと佇んでいる。

目指す宿の名は『オーベルジュあかだま』。

ようやくその呼称が浸透してきたオーベルジュだが、いまだ玉石混交。かつてのペンションが名称だけ変更した、俄か宿も少なくない。

レストランに宿泊設備を付帯させた宿が、本来のオーベルジュの姿。となれば、この宿は前身がレストラン、さらにその前は食堂だったというのだから、紛う方なきオーベルジュだ。

レストラン棟でチェックイン。宿泊棟の他には、ライブラリーラウンジだけという、極めてシンプルな施設。まずは部屋へ。客室はわずかに三つ。すべてが別棟の離れ形式。どれもが広々として、使い勝手もいい。ジャグジーバスがついた、Bタイプのデラックススイートツインを選んだ。

一階は広いリビング。二階はベッドルームとサンデッキ、バスルームという造り。この二階のデッキから緑越しに望む海の眺めがいい。視界いっぱいに広がる海より、陽を受けた水面が、木々の隙間にきらきら光るほうが心に届く。

デイベッドに寝そべり、シャンパン片手に読書タイム、というのもオーベルジュらしい過ごし方だろう。暫しまどろんだら薔薇《ばら》を浮かべたジャグジーバスでウォームアップ。身支度を整えて、いざレストランへ。

魚と野菜を堪能するフレンチ

漁船のエンジン音で、すぐ近くに海があるだろうことはわかるのだが、鬱蒼とした森に建つレストランにいると、まるで高原の宿かと錯覚させられる。だが料理が運ばれてくると、たしかに島宿なのだと確信を持つ。そのバランスこそが、この宿の真骨頂。

〈森は海の恋人〉。牡蠣の養殖に取り組む人たちから聞いた言葉だ。山の土壌で育まれたミネラルが海に運ばれ、海の幸の滋養となる。海に森は不可欠。それを

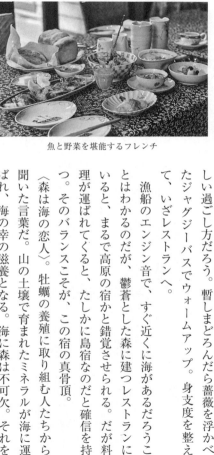

体現しているのが『オーベルジュあかだま』。

品よくライトアップされた木々に囲まれた席で、近海の幸を使ったフレンチが次々と繰り出される。

アミューズに続く前菜は、和食の八寸を想起させる美しさ。近海の幸をふんだんに使った逸品が、軽やかに盛り合わせられる。

箸もセットされているので、お造り感覚で食べられるカルパッチョは、八種にも及ぶ、彩り豊かな刺身のオンパレード。どれもが嚙むほどに甘みを増し、清冽な磯の香りを放つ。圧巻は伊勢海老、鮑《あわび》、栄螺《さざえ》、虎河豚《とらふぐ》、虎魚《おこぜ》などが盛られた別皿。まさしく海の宝石箱だ。

毎朝漁師の船に出向き、互いの生業を支え合う様子を垣間見るにつけ、都会のグルメ事情の先行きを案じざるを得ない。安値で買い叩くこともなければ、足元を見て高値で売りつけることもない。至極真っ当な取引で手に入った海の幸だけが、この宿の食卓に並ぶ。当たり前に見えて、しかしこれが実に貴重なことだと、食べて初めて気づく。

海の幸だけではなく、フレッシュ・フォアグラ、イベリコ豚、長崎牛などの肉が続き、海辺の宿の饗宴は大団円を迎える。しんしんと夜は更けていき、やがて静寂に包まれて宿は眠りに就く。

明けて翌朝。鳥のさえずりで目を覚まし、レストランへと向かう。葉擦れの音を耳に、木漏れ日を受けての朝食もまた、贅沢に海の幸を使った料理と、焼きたてパンの二本立て。海辺の宿の朝食として、これ以上何を望むだろうか、という白眉の卓上に思わず顔がほころぶ。朝に夕に、贅を尽くした食と宿。これぞ理想のオーベルジュだ。

92 ハミルトン宇礼志野《うれしの》——レディー・ハミルトンが現れそうな……

佐賀県は嬉野温泉。日本でも有数の歴史を持つ古湯である。千二百年もの昔、『肥前風土記』という書物に「東の辺に湯の泉ありて能く、人の病を癒す」と記されているのが嬉野温泉。その後、江戸時代には街道筋の宿場町として大いに栄え、それゆえのことか、近年は歓楽的要素の強い温泉地として知られるようになった。

嬉野温泉には、湯治宿から豪華旅館まで三十を超える宿が軒を並べている。その温泉街から離れ、小高い丘の上に建つのが『ハミルトン宇礼志野』。和室よりも洋室が多く、温泉旅館というよりは、リゾートホテルの趣が濃い宿である。

実をいうと、最初はこの宿の名に抵抗があった。宿がオープンして間なしの頃、そのユニークな発想に惹かれて泊まろうとして、「宇礼志野」という名が気になった。地方によくある当て字の店と同じ発想かと訝しんだからである。「来夢来人」と書いてライムライトと読ませる、あの手の当て字かと思った。

チェックインしてすぐに、フロントマンにそのことを尋ねると、意外な答えが返ってきた。

「当て字ではなく古名です。十三世紀頃に書かれた書物にも宇礼志野という地名が書かれているのです」

胸を張るようにして答えたフロントマンの言葉に納得し、大いに気に入ったのである。と、ふと気になったのが、もうひとつの「ハミルトン」のほう。

「ネルソン提督との悲恋で知られるレディー・ハミルトンから取った名前です。絶世の美女と称された彼女なら、どんなふうなホテルを好むだろうか、というコンセプト」

と、またまたフロントマン氏はよどみなく答える。ふむふむ。納得したような、そうでないような。

と、ふと横を見ると重厚なライブラリーがある。最近は滅多に目にしなくなった全集モノが充実しているのがうれしい。岩波の少年文学全集まであるではないか。かつてはあちこちの家庭の応接間に全集が置いてあったものだが、スペースを取ることを敬遠されるようになったせいか、ついぞ見かけなくなった。美術系の全集などが並ぶのを見ると、ハミルトン家のお宅にお邪魔したような気になる。すっかりハミルトンに魅了されてしまった。

何はともあれ、そのハミルトン好みの部屋へ。

ハミルトン宇礼志野

泊まったのはエグゼクティブツイン。このホテルではすべての客室が三十六平米以上だという。窓から中庭を眺めていると、どこかからハミルトンさんが……。
古湯嬉野温泉、風呂は貸切を含めて三箇所。簀子が敷かれ、行灯が置かれた大浴場もいいが、ガラス張りのピラミッド型をした露天風呂が風変わりで愉しい。ここに行くアプローチもまた、ちょっとしたラビリンスで、非日常感を高めてくれる。薄く色づいた湯は、日本三大美人の湯だそうだ。刺激の少ない滑らかな湯は、そういわれれば、そんなような気もする。

夕食は〈トレ・コローネ〉というレストランで摂る。ハミルトンさんのお宅だから浴衣がけでは失礼だろう。軽くジャケットなどを羽織ってレストランに出向く。

基本はイタリアンのコース料理。前菜が二、三皿出て、パスタを挟んで、魚、肉料理と続く。かなりのボリュームがある。佐賀牛をはじめとして、地産地消を心がけているという食材の質もよく、これならハミルトンさんも満足だろう。

朝は同じレストランで、和洋をセレクトできる。ありきたりではない温泉宿を、となれば、真っ先にここをおすすめする。

93 妙見《みょうけん》石原荘（妙見温泉）――「花守」のいる宿

温泉王国九州の最南端、鹿児島県には多くの温泉地がある。砂蒸しで知られる指宿《いぶすき》から、山中の温泉郷霧島など、バリエーションを豊富とするのが鹿児島の特徴である。

おおむね大型の宿が多く、そのスケールメリットを生かし、幅広い客層から支持を集めているのも、鹿児島温泉の大きな特色である。

その鹿児島にあって、比較的規模が小さく、高品質を謳う宿が、天降川を挟んで、斜めに二軒向かい合っている。

妙見 石原荘

由布院の御三家を例に引くまでもなく、こうしたときは、二軒を泊まり歩くことが多く見られるが、この鹿児島にあっては、どうもそうではないようだ。ある旅行会社の方に聞いた話では、この二軒ははっきりファン層が異なるのだそうだ。

それを聞いて、僕にはストンと腑に落ちるものがあった。なるほど納得である。二軒に泊まってみて、宿の有り様がまったく異なると、長く思ってきたからである。

だが、泊まるまでもなく、この二軒を比べんとするならホームページを見れば一目瞭然。『妙見 石原荘』

のそれには主の顔などはなく、我が宿の紹介と同じくらいの割合で、周辺の施設や観光の紹介がある。

一方で、もう一軒の宿のそれにはトップページから主人の顔があり、オーナーのプロフィール、経済雑誌での紹介記事までが並ぶ。坂本龍馬に絡めての周辺紹介はあるものの、我が宿の紹介が大半を占める。

どちらを選ぶかはむろん、その好み次第だろう。「一泊十五万円！　海外の著名人も高い評価」といった文字が並ぶ記事をホームページに載せ、それに惹かれる向きがあっても、なんら不思議ではない。宿の好みは千差万別なのだから。

僕が選んだのはこの『妙見 石原荘』。鹿児島空港からはシャトルタクシーで二十分とかからない。

何がいいかといって、この宿のよさは「あるがまま」という言葉に尽きる。あくまで自然体を貫いているのだ。「自然」を商売道具にしないところもいい。たとえば花。

宿の中、そこかしこに生けられる花は、この宿の花守の仕事。この辺りの自然を知り尽くした花守が、その季節に最もふさわしい花を活ける。あるがままの自然をそうっと宿の中に取り込む。しかしそこには、いくらか人の目を意識した、洗練という技が加わる。なればこそ、旅人はその花を見て美しいと感じる。

新館という位置づけになるのか、〈石蔵〉の部屋を僕は知らないので、本館のことのみになるが、部屋の有り様もまた、川の流れに沿うような自然体を守っている。僕が泊まった〈椿〉の間などは、角部屋になっていて、ふたつの方向から川を眺められる贅沢な造りになっていた。ではあるが、そこに人工的な「無理」を感じることなく、川に迫り出した四阿のような、ある種の「かろみ」を感じさせてくれる部屋だった。

一事が万事である。温泉もまた自然、あるがままの湯を愉しめる。源泉に最も近い場所を選んで建てたという大浴場〈天降殿〉のダイナミックな風呂もいいし、川沿いの露天風呂〈椋の木〉も素敵な佇まいである。

当然ながら料理も文句なし。懐石風に次々繰り出される料理そのものもだが、器のセレクションも見事だ。適材適所ならぬ、適器適食。きちんと四季を映し出し、味も盛りつけも品よく抑えた料理に舌鼓を打つ。九州切っての佳宿である。

94 ザ・リッツ・カールトン沖縄
――日本のリゾートホテルの頂点、ここにあり

初めて沖縄の「喜瀬別邸」に泊まったとき、地に足の着いた、おとなのリゾートとして、ここを超える宿は当分出現しないだろうと思った。

二〇〇〇年のサミットで注目されたブセナとは目と鼻の先にある。恩納村に近い名護市南部。リゾートホテル密集地だ。沖縄を代表するリゾート地にこの宿はあり、しかしビーチに隣接せず、緑豊かなゴルフコースを隔てて、海を望む眺めが特徴的だった。

日本のリゾートを語る上で、沖縄という地は欠かすことができない。

海外のビーチリゾート。日本で最初に人気を集めたのはハワイだっただろうか。グアム、サイパンがその後に続き、バリをはじめとするアジアンビーチで、ひとまずの完結を見た。

海外のビーチリゾートの人気が目まぐるしく移り変わる中、日本国内ではこの間ずっと沖縄の王座は揺るぐことがなかった。パッケージ旅行などで比べると、海外のビーチリゾートのほうがはるかに割安であっても、沖縄本島を含めた南西諸島の人気は長く続いている。だがその宿は玉石混交。傑出した宿はなかった。この「喜瀬別邸」ができるまではだ。

ザ・リッツ・カールトン沖縄

三万三千平米という広い敷地に客室数は百に満たない。エントランスを抜けて、レセプションデスクでチェックインをする間もリゾート特有の喧騒とは無縁だ。爽やかな南国の風が吹き渡るロビーラウンジであっても、しっとりとした落ち着きも併せ持つ空間。部屋の配置、動線に工夫を凝らしているからだろう。そこかしこに設えられた水景色。ゴルフ場を中心とした豊かな緑。そして遠くに見晴らす海。どこを切り取っても絵になる。

と、そんな感想を持った「喜瀬別邸」が『ザ・リッツ・カールトン沖縄』として生まれ変わったと聞いて、足を運ばないわけにはいかない。

「ザ・リッツ・カールトン」。その名を聞いただけで、僕の心は浮き立つ。本書では優れたシティホテルを百から除外したが、もしも含めていたなら、真っ先に「ザ・リッツ・カールトン大阪」を挙げていたに違いない。調度や設えはもちろん、何よりもそのホスピタリティの群を抜く高さに驚いたものだった。フロントスタッフからルームアテンダント、レストランのスタッフに至るまで、誰もが「もてなし」の心を持ち、その場その場で、最高の対応をしてくれた。

類まれなリゾートホテルに、「ザ・リッツ・カールトン」イズムが加われば、どんなに素晴らしいホテルになるだろうか。期待に胸を高まらせ、ホテルの玄関を潜った。

最も小さな部屋でも四十五平米、一番大きな「ザ・リッツ・カールトンスイート」なら百五十平米という広さ。当然のようにビューバス。緑豊かなゴルフコース、青々とした水を湛える海、沖縄ならではの自然と一体になれる。

客室の設備でとりわけ気に入ったのは、ガラス張りのシャワーブース。朝一番に窓から差し込む朝陽を受けながらのシャワータイムは実に快適である。

リネン、スリッパ、アメニティ、すべての備品が最上の品質であることも特筆すべきこと。客の使い勝手を最優先に、あらゆるもの、場所に心を砕いて、最上を追い求めた結果にすべてのゲストは満足するに違いない。

すべてに本物を、というホテルの姿勢が別棟のスパルームにも表れている。豊かな森の緑、風のざわめき、鳥のさえずり。沖縄の自然と一体になれるトリートメント。

抜けるような青空に漂う白い雲、翡翠色と藍色がグラデーションを見せる海。広々と横たわるプールもまたおとなの空間。泳ぐのもいいが、じっと眺めていたいプールだ。ライブラリーからプールサイドに持ち込んだ本を片手に、陽が沈むのを待つのも一興。あるいは深い森の中にあるようなジェットバス、デイベッドでまどろむのもいい。

陽が落ちての夕食に選んだのは鉄板焼。カウンタースタイルだからシェフとの会話も弾む。コーススタイルでもアラカルトでもオーダーできるのがうれしい。リクエストに応じて、ポーションも調節してくれる。

明けて翌朝の朝食はブッフェスタイル。一見、どこにでもあるような食事に思えて、しかし目の当たりにすると、やはりここでしか食べることのできない料理だと気づく。和洋に分けてずらりと並ぶ料理は圧巻。つい朝からスパークリングワインを、となる。ミルクやジュースと並んで、スプマンテのボトルもワインクーラーに入っている。

バラエティ豊かにフルーツジュースは並んでいるが、野菜系のジュースがない。スタッフに告げると、すぐにトマトジュースを運んできてくれた。昨夜の食事もそうだったが、ゲストのリクエストには叶う限り応えようという「ザ・リッツ・カールトン」ならではの姿勢がここでも生きている。

「ザ・リッツ・カールトン」と名を変えて、さらに厚くなったもてなし。その最大の特徴は、子供連れがOKになったことだ。「すべてのゲストをあたたかく迎える」という心根だろう。午後三時を回った頃から、続々とファミリーがエントランスを潜る。ベビーカーを曳く、若い家族連れも少なくない。

オトナ限定に、という声もあるだろうが、小さい頃から一流に接するということも大切なことだ。どんな幼子であっても、空気をちゃんと読む。普段はヤンチャでも、格式あるホテルではオリコウになる。

朝食を終えた親子連れが水辺を散歩する。ヨチヨチ歩きの子供が水を覗き込む。母親がしっかりと手を繋ぐ。そしてその様子をそっと見守るホテルスタッフがいる。実にいい光景だ。

リゾートホテルの果たすべき役割。それはきっと人の心を丸くすることだろうと思う。日常の暮らしで身体中に刺さった棘を一本ずつそっと抜き去っていくことに違いない。洗練と温もりを兼ね備えた〈リッツ・カールトンイズム〉とも呼ぶべきスタッフのハートが、多くの客に笑顔をもたらす。また泊まりたくなる。というより、帰りたくない、と思わせるホテルである。

95 ジ・ウザテラス ビーチクラブヴィラズ

――スペシャルな沖縄滞在にしたいなら

沖縄というのは実に不思議な島で、訪れると必ずまた行きたくなるという、麻薬のような習慣性を持っている。沖縄旅をしながら、もう次の沖縄旅を計画する、などということも少なくない。

この病が高じると移住するに至るようだが、僕の場合は沖縄の宿そのものが大好きなので、住んでしまうとそれが叶わぬから、住まずに旅を重ねて愉しんでいる。

沖縄の何がいいかといって、とにもかくにもその空気である。

那覇空港に降り立ち、目的地へ向かおうとして、空港を一歩出た瞬間に包まれる空気。たとえそれが厳しい暑さだろうが、意外なほどに冷たく感じたとしても、何ほどの苦痛もない。

温度や湿度といった物理的な数値ではなく、沖縄に来た、という心理的な快感が、その空気を好ましく感じさせてしまうのだろう。

鄙びた離島はそれなりの愉しみもあるが、僕は本島の空気が大好きで、空港から車で移動を始めるときの昂揚感は格別のものがある。

そしてもうひとつ。沖縄に惹かれてやまないのは、いい宿がたくさんあるからだ。

本書でも何軒かご紹介しているが、それぞれ沖縄らしいよさを持っている。

空港から車で一時間と少し。辿り着いた宿の名は『ジ・ウザテラス ビーチクラブヴィラズ』。ウザは読谷村《よみたんそん》の宇座という地名から、ヴィラズは、文字通り全客室がヴィラタイプだから。場所は夕陽の名所としても知られる残波岬。

リゾートの名にふさわしく、沖縄には贅を尽くした宿が多く建っているが、ここを超える宿がはたしてあるだろうか。客室に案内されて最初の感想はそんなふうだ。

すべてがスイート仕様で、スタンダードなタイプの客室でも八十八平米の広さを持ち、中庭には専用プールを備えている。高級温泉宿には全室露天風呂つき、というところも珍しくないが、全室プールつきという宿は、そうそうあるものではない。しかもその広さたるや十四畳ほどもあるのだから、プライヴェートプールとしては充分だ。プールを畳の数で表すのもいかがなものかと思うが、おおよその広さがわかるはず。

ウザテラス　room1

プールは中庭に造られているので、開放的ながら、人の目を気にせずに泳げるのもうれしい。極端な話をすれば真っ裸でも泳げるのだが、それでは風呂っぽくなってしまい、リッチな気分にはなれない。

二棟に分かれたような客室の造りで、リビングルーム棟にはキッチンがついていて、料理も作れる。ベッドルーム棟も、広々としたバスルームがついていて、一日中部屋に籠もっていても充分愉しめる。

だがこの宿は、パブリックスペースの充実度も高いので、部屋を出ても、宿の中でリゾートタイムを満喫できる。つまりは、ふた通りの愉しみ方がある宿なのだ。

両側にヴィラが並ぶ細道は、沖縄らしさの中に、どこか地中海にある村のような瀟洒な造りで、ここを歩いてレセプションハウスに向かうだけで、心が浮き立つ。

夕陽が作る影を追いかけながら、まずは二階のラウンジへ。

ゆったりしたスペースは、海からの風が流れ、海に沈みゆく夕陽を眺めながら、食前酒を愉しむひとときは、これぞおとなのリゾートといったラグジュアリー感満載。

夜は少しばかりドレスアップして、大きなプールを見下ろしながら過ごしたい。

アペリティフで喉を潤したら、海を望む廊下を伝って、レストランへ。

『ファインダイニング』と名づけられたレストランで供されるのは、イタリアンをベースにした、コンチネンタル料理。奇をてらわず、素直に調理された料理は、心を軽やかに弾ませ、リゾート気分を高めてくれる。

この宿に泊まるならぜひとも連泊してほしい。何故なら二日目は別荘のように過ごせるからだ。

ホテルのショップには、ワインや泡盛などの飲物はもちろん、サラダやハンバーガーなどのライトミールも売っていて、それだけでも充分だが、外に出て、スーパーで食材を買い込んで、部屋のキッチンで料理をすると、プールサイドでプライヴェートディナーを愉しむこともできる。こうなればもう、プールつきの別荘そのもの。なかなかこんな贅沢な時間は過ごせない。

カップルで泊まるのにぴったりの沖縄リゾートホテル。夏はもちろん、オールシーズン愉しめる宿だ。

96 ラグナガーデンホテル(宜野湾《ぎのわん》)

——これほどの贅沢が、はたして許されるのだろうか

沖縄のビーチリゾートホテルに毎夏通い詰めたのは、三十年近く前のことだろうか。幼い子供を連れて訪ねたのは、ほとんどが恩納村《おんなそん》辺り。万座ビーチ、ムーンビー

チ、冨着《ふちゃく》ビーチ、仲泊、少し手前の残波岬辺りまで。新しいホテルができるたびに、泊まり歩いた。思えばバブリーな時代だった。

やがて子供たちの成長と共に、沖縄から足が遠のき、再び沖縄通いを始めたのは、沖縄料理の取材旅行がきっかけだった。なんともいえず心地よい沖縄の空気を思い出してしまったからである。

北海道から九州沖縄まで。日本には個性溢れる土地が連なり、それぞれに異なる趣で旅人を誘っている。日本国中、どこも好きだが、中でも沖縄だけは別格。おかしない い方かもしれないが、日本離れした空気に懐かしさを覚えるのだ。

懐かしさ求めて、夏のひとり旅。ホテルも懐かしいところを選んだ。

那覇空港から海沿いにトンネルができた。「那覇うみそらトンネル」がそれ。いわばバイパス。これを抜けると、あっという間に若狭《わかさ》の港まで辿り着く。

空港から車で三十分足らず。陽光きらめく宜野湾の海辺に辿り着く。典型的な再開発地域。広大な敷地にコンベンション・センター、野外劇場、ビーチ施設が点在する。その中心的存在ともいえるのが『ラグナガーデンホテル』。開業してから二十数年を数える老舗リゾートホテルだ。

エントランスは二階。緩やかなスロープを上り、車寄せにタクシーが滑り込むと、すかさずスタッフが駆け寄ってきて、荷物を受け取ってくれる。リゾートホテルの正しい姿である。

熱波から逃れ、一歩ホテルに入ると冷気に包まれ、ホッと一息つく。開放的な吹き抜け空間は南国らしい花や緑が点在し、一気に沖縄気分にシフトする。

ラグナガーデンホテル

本館とイーストウィングに分かれているようだが、エレベーターが異なるだけで、その違いは感じられない。今回の客室はイーストウィングのBというタイプ。広いバルコニーのついた四十三平米の部屋は、遠くに海も見渡せ、リゾート気分満点。ツインルームのひとり占めという、贅沢な三泊四日の始まりだ。

窓辺にはソファセットとデスクがあり、仕事を持ち込んだ今回の宿泊でも、海を眺めながらパソコンと向き合えるのはうれしい。四日間の早めの夏休みといえども、いくらかの仕事は引き連れてくる。リゾートホテルであっても、サクサクとネットサーフできなければ、その価値は下がる。

さて夏の沖縄といえば、何をおいても海。ホテルのすぐ近くに広がるトロピカルビーチへは歩いて五分ほど。

目に染みるようなエメラルドグリーンの海、きめ細かな白砂、青い空。絵に描いたような沖縄ビーチに目を遊ばせた後はガーデンプールでひと泳ぎ。広いプールに泳ぐ人もまばら。芋の子を洗うような都会のプールとは格段の差がある。泳ぎ疲れたらプールサイドのデッキチェアに寝そべってうたた寝を愉しむ。

日暮れて部屋に戻り、さて今夜は何を食べようかと迷うのが、リゾートホテルに泊まったときの最大の愉しみといっても過言ではない。いくらタクシー代が安いといっても、わざわざ那覇市内まで食べに出かけるのも面倒だし、近辺に格別のレストランもありそうにない。食事はすべてホテルの中で、となればできる限りバリエーションは豊富なほうがいい。そこでこのホテル。食に関しては多くの選択肢があり、三泊四日程度なら、飽きることなく舌も胃も満足させることができる。

和琉ダイニングを冠する〈あんのん〉では、文字通り、琉球の郷土料理と和食の両方を按配よく食べられ、〈パセオガーデン〉では、洋食を中心とした料理をバイキングという形で愉しめる。さらには最上階の〈壺中天〉では、海を眺めながら四川《しせん》料理をじっくりと味わえ、さらにうれしいことに焼肉店まであるのだ。

最も僕の波長に合ったのは〈あんのん〉。アグー豚のしゃぶしゃぶ、琉球料理のアラカルト、どちらも適価のスパークリングワインを供にして、沖縄の夜を堪能した。しかし、最も印象深かったのは最後の夜。ルームサービスを頼んで、夜の海を眺めながら、バルコニーでグラスを傾けた時間だった。

明るいうちからバルコニーに小さなソファを持ち出し、スパークリングワインのグラスを傾ける。夕陽の兆しが見え始めたら、まずはチキンバスケット。カリッと揚がった鶏肉は、沖縄の空によく似合う。その後はメニューリストとにらめっこ。海老フライとカレーをオーダー。どれもが熱々で部屋まで届くのがうれしい。

これほどの贅沢がはたして許されるのだろうか。陽が沈み、星空が海の上に浮かび、プールサイドからライブミュージックが聞こえてくるまで、何度もそう思った。都内のホテルのルームサービスとは比べるべくもないほど安価。ではあるが、その豊かな心持ちは数倍にも及ぶ。

沖縄本島。この島がテレビニュースで流れるとき、決まって政治が絡んでくる。致し方ないこととはいえ、どうにも遣る瀬ない気がする。沖縄の風はしかし、からりと吹き渡り、何ごともなかったかのように、いつも肌に心地よい。三日目の夜に沖縄を振り返る。

空はあくまで高く、蒼く、碧く、海は穏やかで、夏の風はいつも南から吹いていた。プールサイドでまどろむ。海辺で波頭を見つめる。何度となく、耳をつんざく爆音が響く。誰もが空を見上げる。音よりも速い飛行機はその姿すら見せない。この音が日本を守ってくれている。そう思うしかない。

なんくるないさ。こういうとき、沖縄の人は自分に言い聞かせるようにつぶやく。なんとでもなるさ。沖縄の人は楽天的だな、と思うのは大間違いだ。自分たちでできることはすべてやった。あとは神様に任せるしかない。なんくるないさ。そう思っての言葉だ。

一晩中飲んで踊る。すべてを忘れて。子供だって指笛を器用に鳴らす。なんくるないさ。そう思わなきゃやっていられないのだろう。目が合えば必ず笑顔を返す。虹色の微笑みの中に、蒼い哀しみが映る。切なくて、美しくて、素敵な島。それが沖縄だ。
なんくるないさー。

97 百名伽藍《ひゃくながらん》――空と海を、静かに味わう

沖縄の宿といって多くが思い浮かべるのは、きらびやかなビーチリゾートホテル。オーシャンビュールームのバルコニーから海を眺める。プールサイドでトロピカルカクテルにストローを差す。強烈な日差しを避けて、白いパラソルの下で寝そべる。青く染まったプールで泳ぐもよし。白い砂浜に続く海で泳ぐのもよし。

誰もがこんな光景に憧れて、沖縄の宿を訪れてきたのではないだろうか。

嚆矢《こうし》はムーンビーチだったと記憶する。その後は万座毛《まんざもう》をはじめ、恩納村から北へ、国道五十八号線沿いに、次々と豪華なビーチリゾートが生まれ、南国らしい開放感と、アメリカナイズされた洗練で、多くの旅人を魅了してきた。

これはこれで良しとする。しかしながら、画一的なスタイルを排し、落ち着きのあ

る日本旅館のような、上質な宿が沖縄にあればどんなに素敵だろうかと、長く思い続けてきた。

一方で海の眺めとして、中北部の西海岸ではなく、南部の東海岸の海に憧憬を抱いてきた。とりわけ新原ビーチ近くにある〈浜辺の茶屋〉からの眺めには、何度も圧倒された。この場所に宿があれば、どんなにいいだろう。沖縄への憧憬はこのふたつの夢が叶うことで、きっと昇華されるだろうと思い続けてきた。

夢というものはそう容易く叶うものではない。だから、ふたつの夢が同時に叶ったような宿ができたらしいと聞いても、にわかには信じられなかった。

宿の名は『百名伽藍』。場所はなんと浜辺の茶屋のすぐそば。ウェブサイトを見れば僕が思い描いていた姿に近い。何よりこの宿の名前からして、すでに風格を漂わせているではないか。

那覇空港から車で約三十分。宿に辿り着いて暫くの間、僕は言葉を失っていた。目の前に広がる海。その海を眺めるのに、これ以上は望めないだろう、堂々たる建屋の美しさ。どんな美辞麗句を駆使したとしても、この場に立ち、五感すべてで感じ取る感動を超えることなど、決してできはしない。

客室のみならず、すべてのパブリックスペースからの素晴らしき眺め。本物だけが醸し出す設えの見事さ、その両者によって生み出される居心地のよさ。見事に夢が叶った。

加えて、数日滞在しても、朝夕毎日料理が変わる、奥行きの深い〈和琉会席〉。数多の言葉を連ねても伝え切れないのがこの宿の魅力だ。

海辺の宿　百名伽藍

宿の魅力というものは、目に見えるところだけにあるのではない。たとえば宿の主人の思い入れなどが、その典型。

沖縄本島南部。東に浮かぶ久高島《くだかじま》は神の島。その島を望む斎場御嶽《せーふあうたき》は沖縄切っての聖地であり、その両者にほど近い海岸をこの宿が選んだ意味は、極めて大きい。

沖縄というより、日本とアジアの中継地点として、四百五十年の長きにわたって続いた琉球王国の歴史を、今に伝える宿としての役割をも『百名伽藍』は担っている。あるいは世界遺産に登録されている、〈琉球王国のグスク及び関連遺産群〉と密な繋がりを持つ宿なのである。

伽藍とは、僧が修行する清浄な場所を指す。その名を冠し、体現しながら、快楽をも享受できる宿。『百名伽藍』は沖縄唯一無二の逸宿である。

98 シギラベイサイドスイート アラマンダ（宮古島）

——百万坪のラグジュアリー空間

沖縄本島から離れ、先島諸島にまで足を延ばすと、南国ムードはさらに高まる。本島でも綺麗だと思っていた海の色が、宮古島まで来ると、さらにその鮮やかさを際立たせる。エメラルドグリーンからターコイズブルーへと、陽の光によって変わりゆく様は圧巻。ただただ海を眺めるためだけに訪れてもいいのだが、どうせなら南の国らしいリゾートホテルに泊まりたい。誰しもがそう思う。そんなときにおすすめしたいのが『シギラベイサイドスイート アラマンダ』。宮古島にあって、その規模もグレードも、名だたるアジアンリゾートに勝るとも劣らないホテル。

直行便は少ないので、那覇空港で乗り継ぐのが一般的。那覇から宮古までは一時間と掛からない。その宮古空港から送迎車でおよそ二十分。さあ着きましたと言われても、どこからどこまでがホテルなのか、さっぱりわからないほど広大な敷地に建つホテルである。

シギラベイサイドスイート アラマンダ　シギラ黄金温泉

百万坪の敷地と聞いても、まだピンとこない。海岸線でいうと九キロといわれて、少しはその広さが実感できた。

我が京都と比するなら、北の端ともいえる上賀茂神社から、洛中の南の端である京都駅までがおよそ八キロといわれているから、それよりも長い海岸線に展開するビーチリゾートだとわかる。ひょっとすると京都の中心地がすっぽり入ってしまうくらいのエリアかもしれない。

部屋に専用のプールが備わったプールヴィラロイヤルスイートや、離れ形式になったプレミアハウスなど、贅を極めた客室もあるが、ほどのよさでいえばスーペリアスイート。それでもテラスと合わせて六十五平米は軽く超える広さ。ずっと部屋に籠もって愉しみたいところだが、このホテルには同じ敷地内に天然温泉があると聞いて、足を運ばないわけがない。

ラグジュアリーリゾートと温泉。これぞ日本ならではの取り合わせ。〈シギラ黄金温泉〉は、千二百五十メートルもの地底から湧き出ていて、琥珀色をしている。ゆえに〈黄金〉と名づけられ、豊富な湯量を利用したジャングルプールが壮観。西洋風のスパよろしく水着を着て入る混浴温泉は、その名の通り、温水プールの趣。この〈シギラ黄金温泉〉での、僕のおすすめは、眺めを最優先して造ったという展望風呂。

高台にあって、海を一望する風呂。さすがに南の島だけあって、伊豆や房総とはまったく異なる風景を見せてくれる。海と風呂との間には南国らしいグリーンが植えられ、ハイビスカスやアラマンダも咲き乱れ、さながらゴーギャン描くタヒチの情景にも似た光景。そんな眺めを得て、天然温泉に入る。日本中、いや、世界中探しても、こんな風呂は他にないだろう。

広い敷地をカートで移動しながら、海を眺め、海風を頬に受ける。湯上がりの心地よさも、温泉とあらばなお一層。南国と温泉は意外に相性がいいのかもしれない。夕暮れが迫ってくると、お腹も減る。待ちかねた夕食はホテルのレストラン〈マラルンガ〉で琉球料理を主体に、日本料理との折衷コースがメインとなる。

東道盆に盛りつけられた先付の小鉢が、いかにも琉球らしい。宮古牛、ガザミ、伊勢海老、島豆腐、この地ならではの食材をふんだんに使い、洗練された料理が続き、最後まで地の恵みを味わい尽くした。

一泊だけならこのレストランをおすすめするが、二泊、三泊と連泊するなら、広い敷地内にいくつものレストランがあるので、食べることには一切困ることがない。オープンキッチンスタイルのピザレストランから、江戸前鮨の店、焼肉屋などなど。どれもレベルの高い料理に加え、リゾートならではの開放感も愉しめる。

せっかく宮古島まで足を運んだのだから、ここは数日間ゆっくり滞在し、存分にビーチリゾートを堪能したいものである。

99 はいむるぶし——発酵料理とアクティビティで健康になる

季節は秋。移転してきた石垣空港に降り立った瞬間、夏の風が頬を撫で、カラカラと季節が巻き戻された。それは離島桟橋から高速船に乗って島へ向かう間も続き、小浜島に着いたときは、真夏になっていた。

船に乗って離島へ。もう、それだけで旅情は満たされる。宿の送迎車に乗り込む頃には、すでに島人気分。

シーサーに出迎えられて敷地に入ると、そこはまさしく別天地。豊かな緑の中には色とりどりの花が咲き乱れ、池には水牛が寝そべり、その周りをアヒルやガチョウが遊ぶ。

宿というより、園といった方がふさわしい『はいむるぶし』。広大な敷地を持ち、どこからどこまでが『はいむるぶし』なのかわからないほどだ。その宿泊棟は、いくつかに分かれ、それぞれ風景も設えも異なる。

案内されたのは〈てぃだ〉棟。海に一番近い棟だ。部屋はオーシャンビュースイート。マリンブルーを基調としたインテリアで、目の前の海と一体になっている。広々としたリビングからも、バスルームからも間近に海が望める。

青い空。青い海。自然と鼻歌が出るほどに、胸がすく眺め。離島ならではの開放感が爆発しそうだ。

まずは汗を流す。海を眺めながらのバスタイムとは、何たる贅沢。湯船に身体を沈めると、まるで海に入っているかのよう。この贅沢感は〈てぃだ〉棟のすぐ近くに建つ〈展望大浴場〉でも味わえるそうだから、夕暮れどきにでも行ってみよう。

はいむるぶし　オーシャンビュースイート

汗を流したあとは『はいむるぶし』探検。広い敷地内を移動するのにカートが大活躍。海からの風を受けながら、ハンドルを握る時間そのものがすでにアクティビティ。

まずはビーチへ向かう。存外長い道程の途中には、珍しい〈名和昆虫博物館〉があったり、ハンモックやブランコも、ガジュマルの枝から下り、つい童心に帰って揺られてしまう。

プルメリアやハイビスカス、南国特有の花々を横目にしながら〈はいむるぶしビーチ〉へ。

時間によって色が変わる海。ブルーからグリーンへ。眺めるだけでも愉しいが、スノーケルをはじめ、スタンドアップパドルボード、カヌーなど、様々なアクティビティが用意されている。二泊、三泊しても飽きることがない。

初日に選んだのはサンセットクルーズ。カタマランヨットに揺られ、夕陽スポットへ。ビール片手に、三線《さんしん》の音色を聴きながら、沈みゆく夕陽を眺める至福のひととき。

そんなプレリュードを経ての夕餉はグリルダイニングルームでの発酵料理。

『はいむるぶし』では、最近の健康志向を受けて、発酵料理に力を入れているそうで、初日の夜は〈発酵きのこ鍋〉セット。

最初に〈発酵小鉢〉が五種類出てきて、その後にキノコと野菜たっぷりの鍋が出る。お造りはあるものの、肉類は一切なし。最初は、そのあまりの潔さに戸惑うが、食べ進むうち、濃醇な〈アーサとろろダレ〉で食べるせいか、意外なほどの満足感に包まれる。

これはこれで、まぁ悪くないではないか。何より健康第一。日頃溜めている毒をここで、一気に流し出したいものだ。

朝の目覚めは、すこぶるつきの爽やかさ。モーニングヨガなんてものにもチャレンジしてみたが、身体のキレもよくなったような気がする。発酵料理のおかげかもしれない。身体が軽くなった勢いで、海釣りと〈幻の島上陸〉にもチャレンジ。台風接近で荒波たゆとう中、勇猛果敢に船に乗り込んだ。

その甲斐あって、釣果にも満足なら、生涯記憶に残るだろう絶景にも大満足。南の島の愉しみは尽きることがない。

さて二日目の夜の発酵食。今夜は和洋折衷のコース仕立て。この夜の白眉はふたつ。石垣牛と握り寿司。いずれも発酵という過程を経ているそうだが、熟成した旨みが傑出していて、言われなければ発酵料理だと気づかないほど、ナチュラルな味わい。

赤身の肉は艶っぽいまでに美しく、口に入れると旨みが弾ける。発酵させた寿司ネタは、見た目の熟成感とは裏腹に、活きた魚介の味わいがする。美味しいものを食べて健康になれるなら、こんなにありがたいことはない。

沖縄には〈ぬちぐすい〉という言葉がある。命の薬、といったような意味で、医食同源と相通じる言葉。美味しく食べること、すなわち、命の源。まさにそれを象徴するような発酵料理。

ただ食べるだけで健やかになれる。ただそこに身を置くだけで、心までもが軽やかになる。『はいむるぶし』という宿そのものが〈ぬちぐすい〉なのだ。

100 飛鳥《あすか》Ⅱ――海を漂う宿

北から順に、日本の名宿を数えてきて、さて百軒目はどこがふさわしいかと考えて、ふと思いついたのが、場所を定めない、動く宿。たとえば夜行列車。

かつての寝台列車「なは」のB個室〈ソロ〉など、僕は移動手段というよりは、一夜の宿として大いに愉しんだ。ホテルでいうならビジネスホテル。狭い空間のどこに荷物を置いて、どう愉しむか。加えて、当たり前だが窓の外の景色が移り変わるというのも、計り知れない魅力だった。長距離フェリーも然り。と、そこで、頭に浮かんだのが豪華客船の代表ともいえる『飛鳥Ⅱ』。仕事絡みではあったが、僕はこの船で一夜を過ごすことができ、その魅力に取りつかれてしまった。

豪華客船といえば、世界一周、悠々自適、夜な夜なパーティー、セレブな紳士淑女、老後の贅沢、昼下がりのティータイム、プールサイドで読書、などなど。どれひとつ取っても、僕にはまったく縁のない世界だ。国内旅行の移動で豪華客船など、端から選択肢にはなかった。

飛鳥Ⅱ　絶品ハンバーガー

長距離フェリーならある。どころか、再三再四にわたってこれを積極的に利用してきた。九州へはもちろん瀬戸内を通って。北海道の小樽へ行くときは、舞鶴の港から新潟を経由して渡ったことも何度かある。だが、それらは、あくまで移動手段の一環として利用したまでで、船旅と呼べるような優雅なものではなかった。それでも愉しい時間を過ごせた。

船で行く。その非日常感を味わえる上に、思ったより安価で豪華な旅ができたからである。特等船室にひとりで泊まったとしても、飛行機代とさほど変わらない。たいていは夜遅くに出港して、朝に着く。北海道までなら都合二泊することになる。その宿代込みでの交通費と思えば格安である。

つまりは、贅沢どころか、リーズナブルな移動手段として船に乗ったのである。それが、いきなり豪華客船での船旅。舞い上がってしまって当然である。

横浜港の大桟橋に横づけされた巨大な船に乗り込み、銅鑼の音が響き、いざ出港。ウェルカムシャンパーニュを片手に緑色の紙テープを投げていても、まだ夢かと疑っていた。豪華客船の代名詞ともいえる『飛鳥Ⅱ』に乗っているのである。これが仕事でなければ、本当に「夢」なのだが。

長距離フェリーも快適だったが、『飛鳥Ⅱ』は別格だった。少年野球と大リーグほどの違いがあることを、乗ってみて初めて知った。

身分不相応。あるいは窮屈。前者については、横浜で乗船してから、船で二泊して函館で下船するまで、ずっとその思いが心の片隅にあった。普段の暮らしと比べると、贅沢に過ぎるナと。しかし後者は違った。窮屈感は感じなかったし、むしろ正装してのディナータイムなどは、その緊張感が逆に心地よかったのも意外だった。

そして予測とまったく異なっていたのが「食」である。

豪華客船でのクルーズといえば、毎夜フレンチで、しかもそれはきっと、あまり変わり映えのしない料理がずっと続くのだろうなと思い込んでいた。だから、乗船してすぐハンバーガーを注文しても、何ほども期待していなかった。

今思い出しても、口の中に唾液が溢れてくる。それほどに旨いハンバーガーだった。当たり前だが、ファストフード店のそれとは別物だった。また同じたとえで申し訳ないが、大リーグと少年野球。けた違いに旨い。ショージ君ならきっと、目がハートマークになり、天使の羽をつけて空に舞い上がってしまうに違いない。

食いしん坊にとって、なんともありがたいことに、クルーズの食事というのは、原則ツアー料金に含まれているのだ。お酒や特別なメニュー以外は全部タダ。朝昼晩。おやつ。夜食。基本的にはいくら食べてもいい。何箇所もあるレストランで食券もなく、部屋のナンバーを聞かれることもなく、食事を愉しめる。これが通常の宿とはまったく異なるところだろう。

ホテルや旅館と同じように、いや、それ以上に、船の客室は価格によって、部屋のグレードが異なる。一番高いSクラスのロイヤルスイートから、最も安いKステートまで。僕のおすすめはEバルコニー。ツインベッド、ソファ、デスク、バスタブの備わったバスルーム、そしてプライベートバルコニーが二十三平米のスペースにコンパクトにまとまった部屋である。ふたりなら、これで必要にして充分。

さすがに船なので、一泊いくらという設定はないが、おおよその目安となる一例を紹介しよう。

秋の三日間クルーズ。北海道の室蘭から出て仙台を巡って横浜に着く。二泊三日の旅がひとり十四万円である。朝昼晩と三食ついての値段。プラス北海道から横浜までの交通費込みである。さらには途中の仙台で半日観光する足代も含まれる。通常の航空運賃だと、北海道から羽田までは三万円ほどかかる。となれば十一万が宿代と考えることができる。一泊三食で五万五千円。箱根辺りの高級旅館と大差はない。

しかもこの宿には回り切れないほどのパブリックスペースがある。展望大浴場、プール、カフェ、バラエティ豊かなショップ、シアター、プールなどなど。さらには航海中のさまざまなアクティビティ。基本的にはどれも料金は船代に含まれている。お酒以外の飲み物も無料。さらには夜も更けてくると、夜食コーナーが現れ、ラーメンや蕎麦、スイーツ、果物などが並ぶ。むろん無料。そんな宿が他にあるだろうか。

しかし僕がこの『飛鳥Ⅱ』を名宿とした最大の理由は、そのホスピタリティにある。

「心をこめたおもてなし」、そんな言葉を使う宿は多いが、実際にそれを実践できているかといえば、残念ながら首を横に振らざるをえない。そこへいくとこの『飛鳥Ⅱ』のスタッフは誰もがハートフルで、かつプロの仕事をきちんとこなしている。船の中、どこで出会っても、目が合えば、必ずスタッフは笑顔を向け、言葉をかけてくれる。

海を望む風呂に入り、旨いものを心置きなく食べられて、眺めのいい客室でゆっくりとくつろぐことができる宿。これぞまさしく名宿である。

おわりに

さて本書に挙げた百軒の宿を見て、あれ？　と思われた方も少なくないだろう。名宿といって外すことのできない宿が多く抜け落ちていることに。

それは東京をはじめとした大都会のシティホテルである。東京の『帝国ホテル』をはじめとする老舗ホテル。『コンラッド東京』『ザ・ペニンシュラ東京』、大阪の『ザ・リッツ・カールトン』などの外資系ホテル。数え上げればキリがないほど、大都市には多くの名ホテルがある。

だがそれらはあえて除外した。ある意味で別格に置くべきホテルだからである。あるいは周知だからである。今さら僕ごときが名宿といわなくても、多くが認めている宿はリストアップせずにおいた。つまりは、札幌、東京、名古屋、京都、大阪、福岡。これらの都市に存在する高級シティホテルは最初から土俵に上げなかったことを付記しておく。

もうひとつ。当たり前のことだが、本書に挙げた百軒の宿はすべて、泊まったことのある宿である。何度も繰り返し泊まったところから、今回の原稿を書いている最中に、噂を聞きつけ泊まってみて、さっそく名宿に加えたところもある。

そんな中で、きっと名宿に入るだろうなと思いながら、いまだ泊まる機会を持てずに煩悶している宿が、全国各地に何軒かある。今回の百には入らずとも、多くが名宿と定めるところは、まだまだたくさんあるに違いない。本書の評価をいただけるなら、いつかまた続編をと願いつつ筆をおくことにする。

地図A

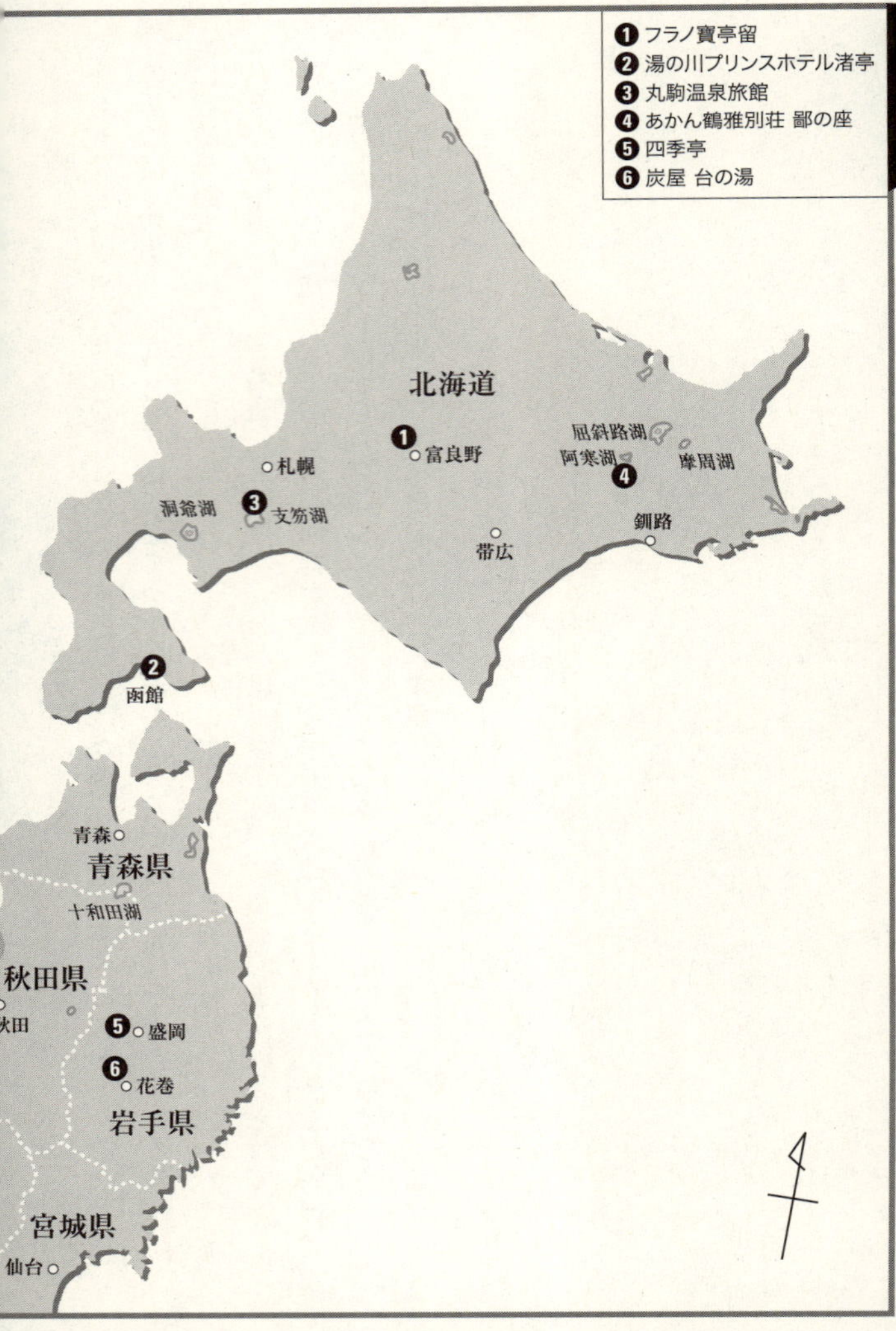

❶ フラノ寳亭留
❷ 湯の川プリンスホテル渚亭
❸ 丸駒温泉旅館
❹ あかん鶴雅別荘 鄙の座
❺ 四季亭
❻ 炭屋 台の湯
北海道
富良野
札幌
屈斜路湖
阿寒湖
摩周湖
洞爺湖
支笏湖
釧路
帯広
函館
青森
青森県
十和田湖
秋田県
秋田
盛岡
花巻
岩手県
宮城県
仙台

地図B

秋田
秋田県
盛岡
岩手県
山形県
佐渡島
山形
宮城県
仙台
新潟
米沢
新潟県
福島
会津若松
猪苗代湖
南魚沼
福島県
群馬県
栃木県
前橋
宇都宮
水戸
茨城県
埼玉県
さいたま
霞ヶ浦
東京都
東京
神奈川県
千葉
横浜
千葉県
7 丸屋
8 名月荘
9 花かんざし
10 熱海荘
11 庄助の宿 瀧の湯
12 那須別邸 回
13 湯守田中屋
14 香雲館
16 季粋の宿 紋屋
26 葉山ホテル音羽ノ森
27 庭のホテル 東京
52 欅苑

15 つつじ亭
17 強羅環翠楼
18 仙郷楼 別邸「奥の樹々」
19 富士屋ホテル
20 オーベルジュ オー・ミラドー
21 ホテルはつはな
22 強羅花扇 円かの杜
23 ふきや
24 石葉
25 藤田屋
28 湖山亭うぶや
29 緑霞山宿 藤井荘
30 野尻湖ホテル エルボスコ
31 高峰温泉
32 上高地帝国ホテル
33 村のホテル住吉屋
34 万平ホテル
35 旅館すぎもと
36 御宿まるや
37 中棚荘
38 三水館
39 槍見の湯 槍見舘
40 八ツ三館
41 あさば
42 オーベルジュ フェリス
43 ホテルミクラス
44 オーベルジュ花季
45 落合楼村上
46 旅師の宿やかた
47 東府や
48 アルカナ イズ
49 かいとく丸
50 和味の宿 角上楼
51 はづ合掌
52 欅苑
53 赤倉観光ホテル
54 リバーリトリート雅樂倶
55 あらや滔々庵
100 飛鳥II

地図D

56 望洋楼
57 美山荘
58 俵屋
59 ダイワロイネットホテル京都八条口
60 其中庵
61 三福
62 ウェスティン都ホテル京都「佳水園」
63 からすま京都ホテル
64 ワインとお宿 千歳
65 茶六別館
66 比良山荘
67 ホテルボストンプラザ草津
68 料亭旅館 やす井
69 湖里庵
70 紅鮎
71 ホテル・アゴーラ大阪守口
72 有馬山叢 御所別墅
73 シーサイドホテル 舞子ビラ神戸
74 ホテルアナガ
75 西村屋本館
76 ホテルクレール日笠
77 奥津荘

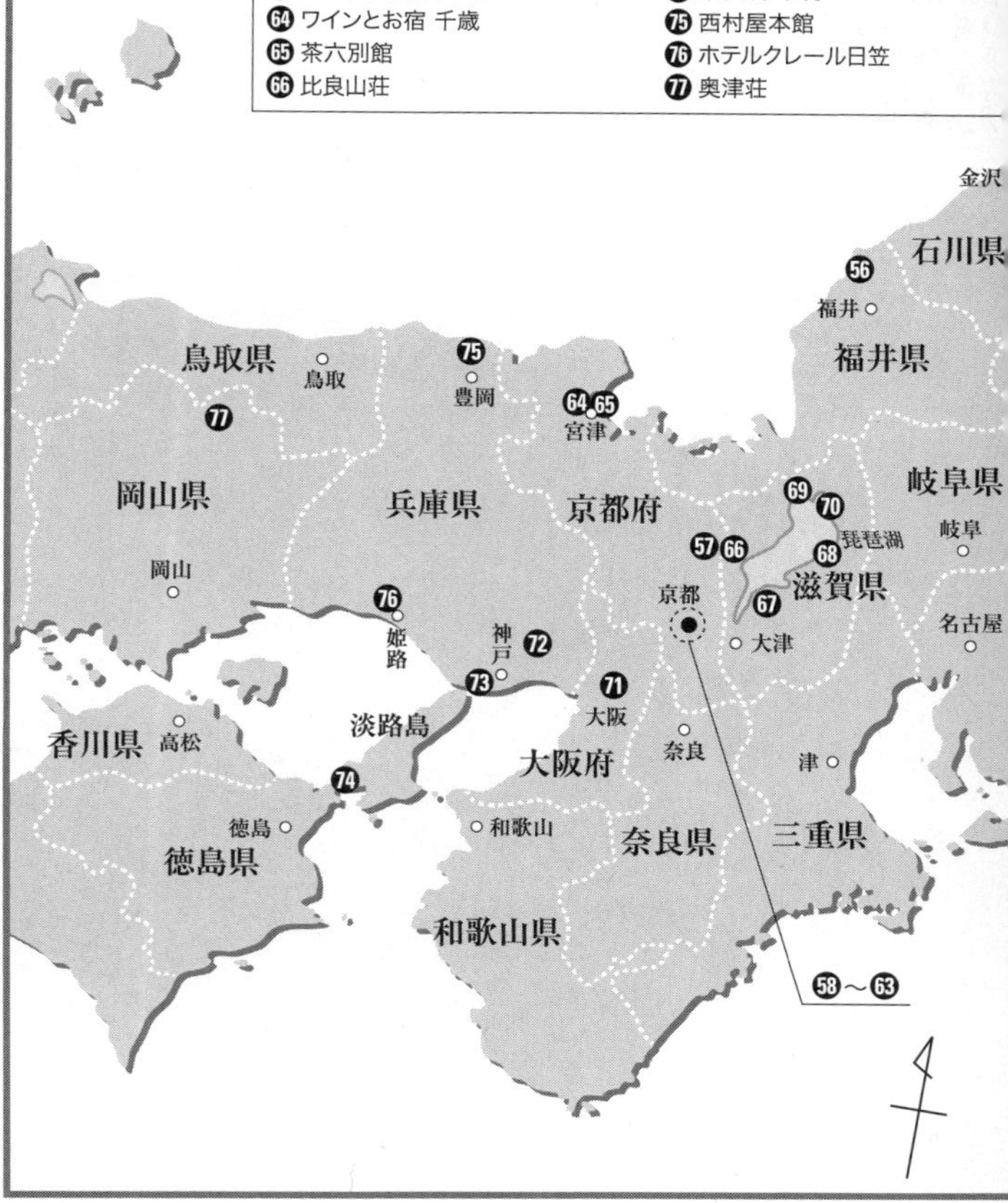

78 岩惣
79 庭園の宿 石亭
80 大谷山荘別邸 音信
81 松田屋ホテル
82 小屋場 只只
83 オールドイングランド道後山の手ホテル
84 古湯温泉 ONCRI
85 洋々閣
86 由布院 玉の湯
87 山荘無量塔
88 亀の井別荘
89 雲仙観光ホテル
90 石山離宮 五足のくつ
91 オーベルジュあかだま
92 ハミルトン宇礼志野
93 妙見 石原荘
94 ザ・リッツ・カールトン沖縄
95 ジ・ウザテラス ビーチクラブヴィラズ
96 ラグナガーデンホテル
97 百名伽藍
98 シギラベイサイドスイート アラマンダ
99 はいむるぶし
松江
島根県
広島県
広島
山口県
山口
福岡
福岡県
佐賀県
佐賀
松山
愛媛県
長崎県
長崎
大分
熊本
大分県
高知
高知県
熊本県
宮崎県
鹿児島
宮崎
鹿児島県
沖縄県
屋久島
種子島
久米島
那覇
宮古島
石垣島

97. **百名伽藍**
〒901-0603 沖縄県南城市玉城字百名山下原 1299-1
TEL：098-949-1011
アクセス：那覇空港から車で35分
２名１泊２食：54,000 ～／人（税込）
http://www.hyakunagaran.com/ 【地図E】

98. **シギラベイサイドスイート アラマンダ**
〒906-0202 沖縄県宮古島市上野字新里
926-25
TEL：0980-74-7100
アクセス：宮古空港より車で20分、または専用車送迎あり
１名１泊朝食：31,500 ～（税込）
https://shigira.com/hotel/allamanda 【地図E】

99. **はいむるぶし**
〒907-1292 沖縄県八重山郡竹富町小浜2930
TEL：0980-85-3111
アクセス：石垣港離島ターミナルから定期船で30分、小浜港から無料送迎バスで5分（予約不要）
２名１泊朝食：24,000 ～（税込）
http://www.haimurubushi.co.jp/ 【地図E】

100. **飛鳥Ⅱ**
飛鳥Ⅱ運航会社：郵船クルーズ株式会社
〒220-8147 神奈川県横浜市西区みなとみらい2-2-1 横浜ランドマークタワー 47階
TEL：045-640-5301
※HPあるいは各旅行会社より予約／お問い合わせください
国内ショートクルーズ1名50,000 ～など
http://www.asukacruise.co.jp/ 【地図C】

２名１泊２食：15,500 ～／人（サ税込）
http://www.hamilton-ureshino.jp/　【地図E】

93. **妙見 石原荘**
〒899-5113 鹿児島県霧島市隼人町嘉例川4376
TEL：0995-77-2111
アクセス：鹿児島空港または隼人駅よりバスあるいはシャトルタクシーにて20分、または嘉例川駅よりバスで15分、「石原荘」下車すぐ
２名１泊２食：23,250 ～／人（税込）
http://www.m-ishiharaso.com/　【地図E】

【沖縄＋αの宿】

94. **ザ・リッツ・カールトン沖縄**
〒905-0026 沖縄県名護市喜瀬1343-1
TEL：0980-43-5555
アクセス：那覇空港より車で75分、またはエアポートライナー（リムジンバス）にて1時間40分
料金は時期により異なるため、ホテルにお問い合わせください
http://www.ritzcarltonjapan.com　【地図E】

95. **ジ・ウザテラス ビーチクラブヴィラズ**
〒904-0328 沖縄県中頭郡読谷村宇座630-1
TEL：098-921-6111
アクセス：那覇空港から車で70分、空港リムジンバスで90分。有料送迎サービスあり
２名１泊朝食付：58,800 ～／人（税込）
http://www.terrace.co.jp/uza/　【地図E】

96. **ラグナガーデンホテル**
〒901-2224 沖縄県宜野湾市真志喜4-1-1
TEL：098-897-2121
アクセス：那覇空港より車で30分、または空港リムジンバスで50分、その他路線バスあり
１名１泊素泊まり：9,975 ～（サ税込）
http://www.laguna.co.jp　【地図E】

88. **亀の井別荘**
〒879-5102 大分県由布市湯布院町川上2633-1
TEL：0977-84-3166
アクセス：JR由布院駅または由布院駅前バスセンターより徒歩20分、車で5分
２名１泊２食：35,000 ～／人（税込）
http://www.kamenoi-bessou.jp/ 【地図E】

89. **雲仙観光ホテル**
〒854-0621 長崎県雲仙市小浜町雲仙320
TEL：0957-73-3263
アクセス：JR・島原鉄道諫早駅よりバスで80分（長崎空港・諫早駅より送迎あり、毎日１往復）
１名１泊２食：23,600 ～（税込）
http://www.unzenkankohotel.com/ 【地図E】

90. **石山離宮 五足のくつ**
〒863-2803 熊本県天草市天草町下田温泉2237
TEL：0969-45-3633
アクセス：天草空港より送迎あり、またはフェリーなどにて下島へ、本渡港・富岡港・鬼池港などより送迎あり
２名１泊２食：26,400 ～／人（税込）
http://www.rikyu5.jp/ 【地図E】

91. **オーベルジュあかだま**
〒857-2411 長崎県西海市大島町寺島1383-4
TEL：0959-34-2003
アクセス：JR佐世保駅から徒歩３分、佐世保市営桟橋から高速船で23分、大島港から送迎あり
２名１泊２食：19,500 ～／人
http://auberge-akadama.com/ 【地図E】

92. **ハミルトン宇礼志野**
〒843-0304 佐賀県嬉野市嬉野町岩屋川内288-1
TEL：0954-43-0333
アクセス：JR佐世保線武雄温泉駅よりバスで「嬉野温泉駅」下車後、送迎あり

１名１泊素泊まり：8,000 ～（税込）
http://www.dogo-yamanote.com/ 【地図E】

【九州の宿】

84. **古湯温泉 ONCRI**
〒840-0501 佐賀県佐賀市富士町古湯556
TEL：0952-51-8111
アクセス：JR長崎本線佐賀駅より送迎あり
２名１泊２食：17,000 ～／人（税込）
http://www.oncri.com/ 【地図E】

85. **洋々閣**
〒847-0017 佐賀県唐津市東唐津2-4-40
TEL：0955-72-7181
アクセス：JR筑肥線東唐津駅より車で4分、またはJR唐津線唐津駅より車で6分（唐津駅、東唐津駅より送迎あり）
２名１泊２食：17,850 ～ 47,250 ／人（税込）
http://www.yoyokaku.com/ 【地図E】

86. **由布院 玉の湯**
〒879-5102 大分県由布市湯布院町湯の坪
TEL：0977-84-2158
アクセス：JR由布院駅または由布院駅前バスセンターより徒歩15分、車で3分
２名１泊２食：平日35,000 ～、休前日38,000 ～／人（税込）
http://www.tamanoyu.co.jp/ 【地図E】

87. **山荘無量塔**
〒879-5102 大分県由布市湯布院町川上1264-2
TEL：0977-84-5000
アクセス：JR由布院駅または由布院駅前バスセンターより車で10分（送迎あり）
２名１泊２食：48,450 ～／人（税込）
http://www.sansou-murata.com/ 【地図E】

２名１泊２食：22,000 ～／人
http://www.iwaso.com/　【地図E】

79. **庭園の宿 石亭**
〒739-0454 広島県廿日市市宮浜温泉3-5-27
TEL：0829-55-0601
アクセス：JR山陽本線大野浦駅より車で５分、または大野浦駅・宮島口桟橋より送迎あり
２名１泊２食：平日28,500 ～、休前日31,650 ～／人（税込）
http://www.sekitei.to/　【地図E】

80. **大谷山荘別邸 音信**
〒759-4103 山口県長門市湯本温泉
TEL：0837-25-3377
アクセス：JR美祢線長門湯本駅より徒歩15分
２名１泊２食：平日41,040 ～／人（税込）
http://www.otozure.jp/　【地図E】

81. **松田屋ホテル**
〒753-0056 山口県山口市湯田温泉3-6-7
TEL：083-922-0125
アクセス：JR山陽本線・山陽新幹線新山口駅より車で20分
２名１泊２食：21,000 ～／人（入湯税別）
http://www.matsudayahotel.co.jp/　【地図E】

82. **小屋場 只只**
〒745-0057 山口県周南市大津島宇西田浦2763
TEL：0834-85-2800
アクセス：徳山港より巡航船25 ～ 35分、馬島港下船。馬島港より送迎あり
２名１泊２食：平日42,000、休前日46,000 ／人（税別）
https://koyaba.info/　【地図E】

83. **オールドイングランド道後山の手ホテル**
〒790-0836 愛媛県松山市道後鷺谷町1-13
TEL：089-998-2111
アクセス：伊予鉄道城南線道後温泉駅より徒歩5分

74. **ホテルアナガ**
〒656-0661 兵庫県南あわじ市阿那賀
TEL：0799-39-1111
アクセス：阿波おどり空港（徳島空港）より車で大鳴門橋を経て35分。またはJR三ノ宮駅よりバス「陸の港行き」か、JR舞子駅よりバス「福良行き」にて「陸の港西淡」か「淡路島南IC」下車後、送迎あり
２名１泊素泊まり：9,800 ～／人（税込）
http://www.hotelanaga.com/ 【地図D】

75. **西村屋本館**
〒669-6101 兵庫県豊岡市城崎町湯島469
TEL：0796-32-2211
アクセス：城崎温泉駅より徒歩15分（旅館組合運営の無料送迎バスあり）
２名１泊２食：平日29,400 ～、休前日31,500 ～／人（入湯税別）
http://www.nishimuraya.ne.jp/honkan/ 【地図D】

76. **姫路城下町 ホテルクレール日笠**
〒670-0911 兵庫県姫路市十二所前町22
TEL：079-224-3421
アクセス：JR姫路駅中央口（お城側）より徒歩5分
１名１泊素泊まり：5,775 ～（税込）
http://www.hotel-higasa.com/ 【地図D】

【中国・四国の宿】

77. **奥津荘**
〒708-0503 岡山県苫田郡鏡野町奥津48
TEL：0868-52-0021
アクセス：JR岡山駅から車で100分、岡山空港からは90分
２名１泊２食：22,680 ～／人
http://okutsuso.com/ 【地図D】

78. **岩惣**
〒739-0522 広島県廿日市市宮島町もみじ谷
TEL：0829-44-2233
アクセス：JR宮島口駅から連絡船乗船、宮島桟橋から徒歩15分

69. **湖里庵**
〒520-1811 滋賀県高島市マキノ町海津2307
TEL：0740-28-1010
アクセス：JR湖西線マキノ駅より徒歩25分（送迎あり）
２名１泊２食：26,250／人（税込）
https://korian.jp/ 【地図D】

70. **紅鮎**
〒529-0364 滋賀県長浜市湖北町尾上
TEL：0749-79-0315
アクセス：JR北陸本線高月駅より車で10分（送迎あり）
２名１泊２食：23,250～／人（税込）
http://www.beniayu.com/ 【地図D】

71. **ホテル・アゴーラ大阪守口**
〒570-0038 大阪府守口市河原町10-5
TEL：06-6994-1111
アクセス：京阪本線守口市駅より徒歩1分
１名１泊素泊まり：7,000～／人（税込）
http://www.hotelagora-moriguchi.com/ 【地図D】

72. **有馬山叢 御所別墅**
〒651-1401 兵庫県神戸市北区有馬町958
TEL：078-904-0554
アクセス：神戸電鉄有馬温泉駅より送迎あり（徒歩なら10分）
２名１泊２食：40,500～／人（入湯税別）
http://goshobessho.com/ 【地図D】

73. **シーサイドホテル 舞子ビラ神戸**
〒655-0047 兵庫県神戸市垂水区東舞子町18-11
TEL：078-706-3711
アクセス：JR舞子駅または山陽電鉄舞子公園駅から徒歩7分、またはシャトルバスで5分
1名1泊素泊まり：4,000～
https://maikovilla.co.jp/ 【地図D】

64. **ワインとお宿 千歳**
〒626-0001 京都府宮津市文珠472
TEL：0772-22-3268
アクセス：京都丹後鉄道宮豊線天橋立駅より徒歩3分
２名１泊２食：12,500 ～／人（税込）
http://www.amanohashidate.org/chitose/ 【地図D】

65. **茶六別館**
〒626-0017 京都府宮津市島崎2039-4
TEL：0772-22-2177
アクセス：京都丹後鉄道宮津駅から徒歩10分
２名１泊２食：19,000 ～／人
http://www.charoku.com/ 【地図D】

66. **比良山荘**
〒520-0475 滋賀県大津市葛川坊村町94
TEL：077-599-2058
アクセス：京都市内より車で40分
２名１泊２食：30,000 ～／人（サ税別）
http://www.hirasansou.com/ 【地図D】

67. **ホテルボストンプラザ草津 びわ湖**
〒525-0037 滋賀県草津市西大路町1-27 草津駅西口
ボストンスクエア内
TEL：077-561-3311
アクセス：JR琵琶湖線草津駅すぐ
１名１泊素泊まり：6,500 ～（税込）
http://www.hotel-bp.co.jp/ 【地図D】

68. **料亭旅館 やす井**
〒522-0082 滋賀県彦根市安清町13-26
TEL：0749-22-4670
アクセス：JR彦根駅から車で３分
１泊２食：61,560 ～／室
http://www.ryoutei-yasui.jp/ 【地図D】

59. **ダイワロイネットホテル京都八条口**
〒601-8017 京都市南区東九条北烏丸町9-2
TEL：075-693-0055
アクセス：JR京都駅八条東口（新幹線側）より徒歩4分
１名１泊素泊まり：6,900～（税込）
http://www.daiwaroynet.jp/kyoto-hachi/ 【地図D】

60. **其中庵**
〒605-0071 京都市東山区円山公園
TEL：075-533-0210
アクセス：JR京都駅より車で15分
２名１泊朝食：9,000～／人（税込）
http://www.kicyuan.com 【地図D】

61. **三福**
〒604-8011 京都市中京区先斗町三条下ル若松町140
TEL：075-221-5696
アクセス：京阪三条駅より徒歩7分
１名１泊朝食：13,800（税込）【地図D】

62. **ウェスティン都ホテル京都「佳水園」**
〒605-0052 京都市東山区三条けあげ
TEL：075-771-7111
アクセス：地下鉄東西線蹴上駅下車すぐ、またはJR京都駅などより送迎バスあり
２名１泊２食：佳水園宿泊28,500～、ツイン宿泊（佳水園以外）16,500～／人（税込）
http://www.miyakohotels.ne.jp/westinkyoto/ 【地図D】

63. **からすま京都ホテル**
〒600-8412 京都市下京区烏丸通四条下ル
TEL：075-371-0111
アクセス：地下鉄烏丸線四条駅から徒歩すぐ
１名1泊素泊まり：6,600～（税込）
https://www.hotel.kyoto/karasuma/ 【地図D】

アクセス：北陸新幹線富山駅より春日温泉行きバスで「春日」下車、徒歩3分
２名１泊朝食：12,000 ～（夕食は13,000 ～）／人（税込）
http://www.garaku.co.jp/ 【地図C】

55. あらや滔々庵
〒922-0242 石川県加賀市山代温泉湯の曲輪
TEL：0761-77-0010
アクセス：JR北陸本線加賀温泉駅よりバスで15分、または車で10分（送迎あり13:00 ～ 18:00）
２名１泊２食：29,400 ～／人（入湯税別）
http://www.araya-totoan.com/ 【地図C】

56. 望洋楼
〒913-0057 福井県坂井市三国町米ケ脇
TEL：0776-82-0067
アクセス：JR北陸本線芦原温泉駅よりバスで40分、または送迎あり（所要25分、17:00まで）
２名１泊２食：平日24,000 ～、休前日27,000 ～／人（税込）
https://www.bouyourou.jp/ 【地図D】

【近畿の宿】

57. 美山荘
〒601-1102 京都市左京区花脊原地町大悲山375
TEL：075-746-0231
アクセス：出町柳駅より京都バス32系統「広河原行き」にて「大悲山」下車（1日4往復）
２名１泊２食：45,000 ～／人（サ税別）
http://miyamasou.jp/ 【地図D】

58. 俵屋
〒604-8094 京都市中京区麩屋町姉小路上ル
TEL：075-211-5566
アクセス：地下鉄京都市役所前駅より徒歩7分
２名１泊２食：35,000 ～／人（サ税別） 【地図D】

２名１泊２食：10,630 〜／人（税別）【地図C】

50. 和味の宿 角上楼
〒441-3617 愛知県田原市福江町下地38
TEL：0531-32-1155
アクセス：豊橋鉄道渥美線三河田原駅より車、または送迎あり
２名１泊２食：18,900 〜／人（サ税別）
http://www.kakujoro.com/ 【地図C】

51. はづ合掌
〒441-1631 愛知県新城市豊岡字南平18-1
TEL：0536-32-1211（予約係、受付9:00 〜 20:00）
アクセス：JR飯田線湯谷温泉駅より送迎あり
２名１泊２食：25,200 〜／人（税込）
http://www.hazu.co.jp/hazugassho/ 【地図C】

【北陸の宿】

52. 欅苑
〒949-7112 新潟県南魚沼市長森24
TEL：025-775-2419
アクセス：JR上越線・上越新幹線浦佐駅より車で15分
２名１泊２食：12,600 〜／人（税込）
http://www.keyakien.com/top.shtml 【地図B、C】

53. 赤倉観光ホテル
〒949-2102 新潟県妙高市田切216
TEL：0255-87-2501
アクセス：JR長野新幹線長野駅よりしなの鉄道乗り換え、妙高高原駅下車、送迎あり
２名１泊朝食：14,500 〜／人（入湯税別）
http://www.akr-hotel.com/ 【地図C】

54. リバーリトリート雅樂倶
〒939-2224 富山県富山市春日56-2
TEL：076-467-5550
定休日／水曜日

45. **おちあいろう**
〒410-3206 静岡県伊豆市湯ヶ島1887-1
TEL：0558-85-0014
アクセス：伊豆箱根鉄道修善寺駅より4番線バス湯ヶ島温泉・持越行きにて30分、「新宿」下車、目の前
２名１泊２食：62,000 ～／人（サービス料・消費税・入湯税込）
https://www.ochiairo.co.jp/ 【地図C】

46. **旅師の宿やかた**
〒413-0515 静岡県賀茂郡河津町谷津333
TEL：0558-32-1291
アクセス：伊豆急河津駅より徒歩5分
２名１泊２食：15,120 ～／人（入湯税別）
http://www.yakata.com/ 【地図C】

47. **東府やResort & Spa - Izu**
〒410-3208 静岡県伊豆市吉奈98
TEL：0558-85-1000
アクセス：伊豆箱根鉄道修善寺駅より車で20分、またはバスにて「吉奈温泉口」下車（吉奈温泉口より送迎あり）
２名１泊２食：18,500 ～／人（入湯税別）
http://www.tfyjapan.com/ 【地図C】

48. **アルカナ イズ**
〒410-3206 静岡県伊豆市湯ヶ島1662
TEL：0558-85-2700
アクセス：伊豆箱根鉄道修善寺駅より車で15分
２名１泊２食：39,000 ～／人（税込）
http://www.arcanaresorts.com/ 【地図C】

49. **かいとく丸**
〒410-3617 静岡県賀茂郡松崎町岩地363-3
TEL：0558-45-0365
アクセス：伊豆急下田駅より「堂ヶ島行き」バスで40分、「松崎」で乗り換え「雲見行き」バスで15分、「岩知温泉」下車、徒歩5分。または伊豆箱根鉄道修善寺駅より「松崎行き」バスで1時間30分、「松崎」より以下同。車の場合は東名沼津ＩＣより国道136号線、2時間30分

40. ハツ三館

〒509-4241 岐阜県飛騨市古川町向町1-8-27
TEL：0577-73-2121
アクセス：JR飛騨古川駅から徒歩7分、または富山空港から車で80分
２名１泊２食：19,440 ～／人（税込）
http://www.823kan.com/ 【地図C】

【東海の宿】

41. あさば

〒410-2416 静岡県伊豆市修善寺3450-1
TEL：0558-72-7000
アクセス：伊豆箱根鉄道修善寺駅より車で7分
２名１泊２食：37,800 ～／人（入湯税別） 【地図C】

42. オーベルジュ フェリス

〒410-2416 静岡県伊豆市修善寺4280-47
アクセス：伊豆箱根鉄道修善寺駅よりバスで15分、「修善寺ニュータウン」下車
https://www.grupo-feliz.jp/ 【地図C】

43. ホテルミクラス

〒413-0012 静岡県熱海市東海岸町3-19
TEL：0557-86-1111
アクセス：JR東海道新幹線・東海道本線熱海駅より徒歩12分または車で5分
２名１泊２食：20,000 ～／人（税込）
http://www.micuras.jp/ 【地図C】

44. オーベルジュ花季

〒414-0055 静岡県伊東市岡75-32
TEL：0557-38-2020
アクセス：JR伊東線伊東駅より車で10分
２名１泊２食：平日26,250 ～、休前日29,400 ～／人（税込）
http://www.hanagoyomi.jp/ 【地図C】

アクセス：JR松本駅より車で15分、または美ヶ原温泉行きバスで17分
２名１泊２食：15,000～／人（入湯税別）
http://ryokan-sugimoto.com/ 【地図C】

36. **御宿まるや**
〒393-0015 長野県諏訪郡下諏訪町立町3304
TEL：0266-27-5151
アクセス：JR中央線下諏訪駅より徒歩12分
２名１泊２食：平日21,000円～、休前日23,100円～／人（入湯税別）
http://onyado-maruya.com/ 【地図C】

37. **中棚荘**
〒384-8558 長野県小諸市古城中棚
TEL：0267-22-1511
アクセス：しなの鉄道・JR小海線小諸駅より車で5分
２名１泊２食：11,000～／人（入湯税別）
http://www.nakadanasou.com/ 【地図C】

38. **三水館**
〒386-0322 長野県上田市西内1866-2（信州 鹿教湯温泉）
TEL：0268-44-2731
アクセス：JR長野新幹線上田駅またはJR中央本線松本駅より鹿教湯温泉行きバスで40分、「鹿教湯橋」下車、徒歩5分
２名１泊２食：15,900～／人（税込）
http://www.sansuikan.info/ 【地図C】

39. **槍見の湯 槍見舘**
〒506-1421 岐阜県高山市奥飛騨温泉郷神坂
TEL：0578-89-2808
アクセス：JR高山本線高山駅より「新穂高温泉行き」バス、またはJR中央本線松本駅（松本バスターミナル）より「高山バスセンター行き」か「新穂高ロープウェイ行き」バスにて、いずれも「中尾高原口」下車、徒歩５分
２名１泊２食：15,900円～／人（税込）
http://www.yarimikan.com/ 【地図C】

http://www.nojirikohotel-elbosco.com/ 【地図C】

31. 高峰温泉

〒384-0041 長野県小諸市高峰高原
TEL：0267-25-2000
アクセス：JR長野新幹線佐久平駅またはしなの鉄道小諸駅よりJRバス高峰高原行きにて「高峰温泉」下車（佐久平駅より60分、小諸駅より45分）
２名１泊２食：13,000～／人（税別）
http://www.takamine.co.jp/bb/ 【地図C】

32. 上高地帝国ホテル

〒390-1516 長野県松本市安曇上高地
TEL：0263-95-2001／宿泊予約専用0263-95-2006／冬季連絡所03-3592-8001
アクセス：松本電鉄新島々駅より松本電鉄バスで1時間15分
２名１泊素泊まり：14,175～／人（税込）
http://www.imperialhotel.co.jp/j/kamikochi 【地図C】

33. 村のホテル住吉屋

〒389-2502 長野県下高井郡野沢温泉村豊郷8713
TEL：0269-85-2005
アクセス：JR飯山線戸狩野沢温泉駅よりバス湯の花号野沢温泉行きで20分、「野沢温泉」下車、徒歩５分、またはJR長野駅より直通バス
２名１泊２食：17,325～／人（入湯税別）
http://sumiyosiya.co.jp/ 【地図C】

34. 万平ホテル

〒389-0102 長野県北佐久郡軽井沢町軽井沢925
TEL：0267-42-1234
アクセス：JR長野新幹線軽井沢駅より車で4分
２名１泊朝食：8,500～／人（税込）
http://mampei.co.jp/ 【地図C】

35. 旅館すぎもと

〒390-0221 長野県松本市里山辺451-7
TEL：0263-32-3379

26. **葉山ホテル音羽ノ森**
〒240-0105 神奈川県横須賀市秋谷5596-1
TEL：046-857-0108
アクセス：JR横須賀線逗子駅東口2番乗り場よりバス20分、「長者ヶ崎」下車、徒歩3分、または逗子駅より車で15分（平日のみ逗子駅より送迎あり）
２名１泊朝食：15,500 ～／人（税込）
http://www.otowanomori.jp/ 【地図B】

27. **庭のホテル 東京**
〒101-0061 東京都千代田区三崎町1-1-16
TEL：03-3293-0028
アクセス：JR中央線水道橋駅東口より徒歩3分
１名１泊素泊まり：12,000 ～（税込）
http://www.hotelniwa.jp/ 【地図B】

【甲信の宿】

28. **湖山亭うぶや**
〒401-0303 山梨県南都留郡富士河口湖町浅川10
TEL：0555-72-1145
アクセス：富士急行河口湖線河口湖駅より車で10分（送迎バスもあり）
２名１泊２食：23,250 ～／人（税込）
http://www.ubuya.co.jp/ 【地図C】

29. **緑霞山宿 藤井荘**
〒382-0816 長野県上高井郡高山村大字奥山田3563
TEL：026-242-2711
アクセス：長野電鉄須坂駅よりバスで40分、または車で20分
２名１泊２食：26,460 ～／人（入湯税別）
http://www.fujiiso.co.jp/index.php 【地図C】

30. **野尻湖ホテル エルボスコ**
〒389-1302 長野県上水内郡信濃町大字古海4847
TEL：026-258-2111
アクセス：JR信越本線黒姫駅または妙高高原駅より車で15分（黒姫駅より送迎バスもあり）

TEL：0460-85-7321
アクセス：箱根登山鉄道箱根湯本駅よりバスで10分
２名１泊２食：24,800 ～／人（入湯税別）
https://www.hakone-hotelhatsuhana.jp/ 【地図C】

22. **強羅花扇 円かの杜**
〒250-0408
神奈川県足柄下郡箱根町強羅1320-862
TEL：0460-82-4100
アクセス：箱根湯本駅から強羅駅まで電車で40分、強羅駅から早雲山駅までケーブルカーで9分。送迎あり
２名１泊２食：35,000 ～／人
https://gorahanaougi.com/madokanomori/ 【地図C】

23. **ふきや**
〒259-0314 神奈川県足柄下郡湯河原町宮上398
TEL：0465-62-1000
アクセス：JR東海道本線湯河原駅より車で8分
２名１泊２食：平日29,550 ～、休前日33,750 ～／人（税込）
http://www.yugawarafukiya.com/ 【地図C】

24. **石葉**
〒259-0314 神奈川県足柄下郡湯河原町宮上749
TEL：0465-62-3808
アクセス：JR東海道本線湯河原駅より車で10分
２名１泊２食：平日29,025 ～、休前日31,335 ～／人（税込）
http://www.sekiyou.com/ 【地図C】

25. **藤田屋**
〒259-0314 神奈川県足柄下郡湯河原町宮上495
TEL：0465-62-3331
アクセス：JR東海道本線湯河原駅より車で7分、または温泉場方面行きバスで15分
２名１泊２食：平日17,055 ～、休前日19,155 ～／人（税込）
http://www.fujitaya.tv/ 【地図C】

http://www.monya.co.jp/　【地図B】

17. **強羅環翠楼**
〒250-0408 神奈川県足柄下郡箱根町強羅1300
TEL：0460-82-3141
アクセス：箱根登山鉄道強羅駅より徒歩3分
２名１泊２食：21,150～／人（税込）
http://www.gourakansuirou.co.jp/　【地図C】

18. **仙郷楼 別邸「奥の樹々」**
〒250-0631 神奈川県足柄下郡箱根町仙石原1284
TEL：0460-84-8521
アクセス：JR・小田急小田原駅より箱根登山バス桃源台行きで50分、または箱根登山鉄道箱根湯本駅より同30分、またはJR新宿駅より直通小田急高速バスで120分（いずれも「仙郷楼前」下車）
２名１泊２食：42,000～／人（税込）
http://www.senkyoro.co.jp　【地図C】

19. **富士屋ホテル**
〒250-0404 神奈川県足柄下郡箱根町宮ノ下359
TEL：0460-82-2211
アクセス：箱根登山鉄道宮ノ下駅より徒歩7分
２名１泊２食：24,300～／人（サ消費税込、入湯税別）
http://www.fujiyahotel.jp/　【地図C】

20. **オーベルジュ オー・ミラドー**
〒250-0522 神奈川県足柄下郡箱根町元箱根159-15
TEL：0460-84-7229
アクセス：JR・小田急小田原駅または箱根登山鉄道箱根湯本駅より伊豆箱根バス湖尻行きにて（小田原駅より1時間、箱根湯本駅より40分）、「湖尻三叉路」下車すぐ
２名１泊素泊まり：平日19,950～、休前日25,200～（ディナー10,500～）／人（サ別、税込）
http://www.mirador.co.jp/　【地図C】

21. **ホテルはつはな**
〒250-0313 神奈川県足柄下郡箱根町須雲川20-1

【関東の宿】

12. 那須別邸 回
〒325-0301 栃木県那須郡那須町湯本206
TEL：0287-76-3180
アクセス：JR那須塩原駅から無料シャトルバス（要予約）
２名１泊２食：37,950 ～／人
http://www.bettei-kai.jp/ 【地図B】

13. 湯守田中屋
〒329-2921 栃木県那須塩原市塩原6
TEL：0287-32-3232
アクセス：JR那須塩原駅よりバスで53分（１日１便無料シャトルバス、それ以外は有料で送迎あり）
２名１泊２食：14,040 ～／人（税込）
http://tnky.jp/ 【地図B】

14. 香雲館
〒377-0102 群馬県渋川市伊香保町伊香保175-1
TEL：0279-72-5501
アクセス：JR新宿駅あるいは東京駅から高速バスで180分、JR渋川駅からバスで20分
２名１泊２食：23,500 ～／人（税別、入湯税別）
http://www.kouunkan.jp/ 【地図B】

15. つつじ亭
〒377-1700 群馬県吾妻郡草津町639-1
TEL：0279-88-9321
アクセス：JR吾妻線長野原草津口駅よりJRバスで25分
２名１泊２食：平日31,650 ～、休前日33,750 ～／人（税込）
http://www.tsutsujitei.co.jp/ 【地図C】

16. 季粋の宿 紋屋
〒295-0102 千葉県南房総市白浜町白浜232
TEL：0470-38-3151
アクセス：高速バスで東京駅から160分、新宿駅から110分、千葉駅から135分
２名１泊２食：14,040 ～／人

7. 肘折温泉 丸屋

〒996-0301 山形県最上郡大蔵村大字南山519
TEL：0233-76-2021
アクセス：JR山形新幹線・奥羽本線新庄駅より肘折温泉行きバスで1時間15分、終点より徒歩1分
２名１泊２食：12,750～／人（税込）
http://www.maruya-ryokan.com/ 【地図B】

8. 名月荘

〒999-3242 山形県上山市葉山5-50
TEL：0120-72-0330／023-672-0330
アクセス：JR山形新幹線・奥羽本線かみのやま温泉駅より車で5分
２名１泊２食：30,600～／人（税込）
http://www.meigetsuso.co.jp/ 【地図B】

9. 花かんざし

〒964-0074 福島県二本松市岳温泉1-104
TEL：0243-24-2110
アクセス：JR二本松駅よりバスで25分、または車で15分
２名１泊２食：19,440～／人（税込）
http://hana-kanzashi.com/ 【地図B】

10. 熱海荘

〒963-1309 福島県郡山市熱海町熱海4-315
TEL：024-984-2101
アクセス：JR磐越西線磐梯熱海駅より車で3分
２名１泊２食：25,560～／人（税込）
http://www.naf.co.jp/atamiso/welcome.stm 【地図B】

11. 庄助の宿 瀧の湯

〒965-0814 福島県会津若松市東山温泉108
TEL：0242-29-1000
アクセス：JR只見線・磐越西線会津若松駅よりバスまたはタクシー
２名１泊２食：8,400～／人（入湯税別）
http://shousuke.com/ 【地図B】

徒歩2分
２名１泊２食：18,900 ～／人（海側、入湯税別）
http://nagisatei.info/ 【地図A】

3．湖畔の宿 支笏湖 丸駒温泉旅館
〒066-0287 北海道千歳市支笏湖幌美内7
TEL：0123-25-2341
アクセス：新千歳空港よりバスで54分、「支笏湖畔バスターミナル」下車後、丸駒温泉送迎バスで15分
２名１泊２食：7,800 ～／人（入湯税別）
http://www.marukoma.co.jp/ 【地図A】

4．あかん鶴雅別荘 鄙の座
〒085-0467 北海道釧路市阿寒町阿寒湖温泉2-8-1
TEL：0154-67-5500
アクセス：釧路空港より車で1時間（送迎バスもあり）
２名１泊２食：28,350 ～／人（入湯税別）
http://www.hinanoza.com/ 【地図A】

【東北の宿】

5．盛岡つなぎ温泉 四季亭
〒020-0055 岩手県盛岡市繋字湯の館137
TEL：019-689-2021
アクセス：JR東北新幹線盛岡駅より車で25分
２名１泊２食：平日18,000 ～、休前日20,000 ～／人（税込）
http://shikitei.jp/ 【地図A】

6．はな 台の湯
〒025-0305 岩手県花巻市台2-64
TEL：0198-27-2561
アクセス：花巻空港より車で15分、またはJR東北新幹線・釜石線新花巻駅より車で25分
２名１泊２食：13,650 ～、土・日15,750 ～／人（入湯税別）
https://hanadainoyu.jp/ 【地図A】

日本百名宿リスト

◎アクセス方法は、首都圏より公共交通機関を利用した場合を想定した一例です。その他のアクセス方法は宿にお問い合わせください。
◎宿による送迎は、ほとんどの場合、時間指定があり、要予約となりますので、宿にお問い合わせください。
◎宿泊料金は、目安として、旅館の場合「２名１泊２食」を、ホテルの場合「１名１泊素泊まり（食事なし）」を基本として表示しました。
◎宿泊料金は、原則として、2018年１月現在（一部除く）、宿の公式HPからインターネット予約をした場合の最低料金を表示していますが、宿選びの参考にしていただくための、あくまで目安です。
宿によっては「ひとり泊まり」「夕食なし（朝食のみ）プラン」「レイトチェックアウト」「わけあり限定料金」等、宿泊プランによってまったく異なる料金となる場合があります。また、季節（ハイシーズン等）による変動があります。さらに、料金設定には、変更の可能性がありますので、詳細は各宿にお問い合わせください。

◎凡例
宿の名前の横に付したアイコンは、著者のセレクトにより、以下のように、その宿の特におすすめするポイントを表示しています。

＝温泉あり　＝愛が深まる　＝美食の宿
＝絶景が楽しめる　＝気軽に泊まれる

【北海道の宿】

１. フラノ寶亭留
〒076-0035 北海道富良野市学田三区
TEL：0167-23-8111
アクセス：旭川空港より車で50分、またはバスで１時間
２名１泊２食：平日22,050～、休前日25,200～／人（入湯税別）
http://www.jyozankei-daiichi.co.jp/furano/ 【地図A】

２. 湯の川プリンスホテル渚亭
〒042-0932 北海道函館市湯川町1-2-25
TEL：0138-57-3911
アクセス：函館空港より函館駅行きバスで7分、「湯の川温泉」下車、

知恵の森
KOBUNSHA

日本百名宿《にほんひゃくめいしゅく》

著　者——柏井 壽（かしわい ひさし）

2018年　2月20日　初版1刷発行
2021年　12月20日　　2刷発行

発行者——鈴木広和
組　版——堀内印刷
印刷所——堀内印刷
製本所——ナショナル製本
発行所——株式会社光文社
東京都文京区音羽1-16-6 〒112-8011
電　話——編集部(03)5395-8282
書籍販売部(03)5395-8116
業務部(03)5395-8125
メール——chie@kobunsha.com

ISBN978-4-334-78737-0　Printed in Japan